你騙人！

布宜諾斯艾利斯

哪有很迷人?!

文字／攝影　李健樺

Buenos Aires

——————— 獻給 ———————

母親與 J

以及陪我一起瘋狂的旅伴們,

因為你們的愛與包容,

讓我勇敢的完成每一段看似荒謬的旅程……

小眼睛先生/何献瑞

旅行讓人看到不同的世界。

科技日新月異，與數十年之前相較，到世界各地不但不再是難事，透過媒體與網路更是可以輕鬆的得到相關的資訊。

巴黎、倫敦、紐約、北京、西藏、印度，都已耳熟能詳，更別說美國、日本了。

但對於南美，卻還是顯得陌生。

原因在於，大多數人甚少接觸南美相關的資訊，所以尚未對其發生興趣。

透過Bevice詳盡而富感情的記錄，讓我隨著他的腳步，看到了豐富多元的南美，也看到他在拜訪完自然或歷史景觀後的人文思考，更我回想起自己旅行中的各式各樣的感觸。

在這個分工細密，變遷快速的時代，似乎暫時脫離原本生活，開始一段旅行時，每個人才有機會顯露出自己的獨特之處。而閱讀別人的旅行記錄，不只能看到不曾看過的風光，還能了解作者當時的人生態度。

旅行，讓人了解自己。

分享，讓人與人互相了解。

或許這就是旅行與分享的魅力吧！

小眼睛先生 ／ 何献瑞

這個男孩的執著與熱忱，讓所有的旅人都有可以分享與依循的天堂…

關於他所創造的旅人天堂：

背包客棧 http://www.backpackers.com.tw/forum/

關於他的著作與天地：

小眼睛先生的文字國 http://www.hohsienjui.com/

Kristen / 曾品蓁

　　「旅行之所以迷人，就是在於它那充滿未知的變數。」這句話說來簡單，但咀嚼起來卻不是那麼容易入口。

　　出發前，Bevice花了一個多月的時間處理阿根廷的簽證問題，後來又因拿不到玻利維亞的簽證而將另一目的地更改為祕魯。這些惱人的前置作業一一被克服後，好不容易上了路，卻因轉機時，貴賓室所提供的服務與想像中有很大的落差，再加上初抵布宜諾斯艾利斯的頭二天事事不盡如人意，而產生莫大的失望與無奈。但他的旅程卻沒有因此而敗興，反而像倒吃甘蔗般，越啃越有滋味。

　　我們沒有辦法要求「未知」能照著既訂的行事曆向自己走來，但可以讓自己隨遇而安的去迎接即將面臨的一切。如果，你知道下一個街角，會有一對探戈舞者向你展現拉丁民族特有的隨性與熱情；如果，你清楚引領方向的老婆婆，在你道聲謝後會在你頰上留下一枚吻記；如果，你算得準時間在步行回五月大道時，數管白色泡沫向你噴灑，邀你一同參與派對；如果，你什麼都已知，那旅行還能帶給你什麼驚喜與驚豔嗎？就是因為我們永遠不知道，下一個轉角即將在眼前開展的是什麼，才會讓旅行如此充滿誘惑。

　　Bevice筆下所描繪的布宜諾斯艾利斯色彩鮮明動人，其擁抱藝術所洋溢的熱情，在阿根廷探戈一收一放的性感與奔放間傳遞，在一張張富含風格的彩繪牆上綿延，在璀璨華麗的殖民地時期建築間

開展。還在流連這藝術之都帶給人無盡的想像時，他又領著我們去欣賞伊瓜蘇瀑布的遼闊與壯美，摩雷諾大冰河的絕美湛藍，世界盡頭的烏蘇懷亞城。接著飛向祕魯，去走訪的的喀喀湖蘆葦草浮島，感受烏魯斯人的簡樸生活，看看考雅人葬禮塔所宣示的民族驕傲，登上馬丘皮丘古老山巔，俯瞰失落帝國的宏偉壯麗……，讀著讀著，似乎我也走入了這麼趟精采的旅程，讓人不由得也酣然暢快起來。

　　不管，旅途中有多少個完美與不完美，Bevice終究舞出一場屬於自己獨有的南美探戈。布宜諾斯艾利斯到底迷不迷人？你認為呢？

Kristen／曾品蓁
這個女孩的勇氣與細膩，讓Bevice日後的旅行裡決定加入冒險的成分與提筆記錄的習慣…
關於她的著作與天地：
旅人行腳 http://www.go-traveling.idv.tw/

親愛的布宜諾斯艾利斯，何時讓我再親吻你的芬芳

　　挨著機上的窗邊，望著暗夜港灣裡的燈火，彷彿倒影著夜空的星辰。只是離真實的星辰越近，就越遠離才開始依戀的那每一吋倒影，而每將我帶回家一吋的距離，也就遠離我一吋不捨的情緒。每每都想在臨睡前靜下來書寫旅程中每天的感動與感受，但是真正這麼做的時候，卻是在返回台灣的航班上了。這是一班長畫的班機，即使飛行時間超過十二小時，追逐著地球的光影，我們始終遇不到黑夜。無法成眠的我，卻得以對這段旅程作一段深刻的回想。或許，當明天開始面對排山倒海而來的工作壓力後，我也只能用工作之餘的片段去拼湊這些回憶的美好！於是這一路上的閱歷，翻騰起腦海中的思緒，像是播放著電影般的變化著場景，也翻動著回憶。

　　我想我們始終遭逢幸運之神的眷顧，這趟旅行除了出發之前驟變的簽證問題與感冒的不適外，還算十分的順利，並未發生網友們提出的種種出入境問題或是治安的困擾。甚至在網友口中「滿城是賊的利馬」也感受到和善！真的滿城是賊嗎？I don't think so！愉快的旅程與充滿驚奇的氛圍，已經讓我回程咀嚼相片時，被旅程中的幸福感蘊染得無法招架！

雖然飛抵布宜諾斯艾利斯的第一天，失落的壓迫感讓我無法成眠，但重返布市後，卻讓我深深的愛上這個南美巴黎。熱情的擁抱、美麗的街景、迷人的探戈、令人玩味的街頭表演，還有差點被泡沫掩沒的嘉年華，都讓我對布市留下深刻的印象！初見伊瓜蘇的震撼、乍見大冰河的絕美，那種視覺饗宴真的令人驚豔！從布市就一直壓抑那股寄明信片的衝動，只為了要到烏蘇懷亞，蓋下「世界盡頭」的戳章，然後再把手中的祝福寄送給我親愛的朋友！在燈塔旁留影，在海獅、海豹的動作中莞爾，以及在企鵝島上被企鵝包圍的驚喜，都讓我不禁讚嘆阿根廷這個國家對生態與景觀的保護以及高度的人文素養。

　　在阿根廷，我造訪了伊瓜蘇國家公園、加拉法堤的大冰河國家公園、烏蘇懷亞的火地島國家公園。這三個國家公園除了具備美麗動人的景致不說，還有兩樣東西讓我印象十分深刻，就是垃圾和垃圾桶。除了伊瓜蘇還可以見到少數的垃圾桶外，在這裡幾乎很少見到這兩樣東西。如果在一個國家公園裡，很少見到垃圾的話，可能是人們的生活習慣很好，把垃圾都丟到垃圾桶裡了。如果連垃圾桶都沒有，而且又見不到垃圾的話，那麼這就和一個國家的人民素質有關係了。他們對大自然的尊重與呵護由此可見！而且當我們到達每個國家公園，當地導遊的第一句話就是請我們愛護大自然的一切，不要任意的干擾它們……，而不是廁所在哪？買東西去哪？

　　到了祕魯，無可避免的要接受「高原反應」這個豐厚的見面禮，幸運的我們無一倖免！而「的的喀喀湖」上有趣的生活型態，瘋狂的普諾夜市血拼，再加上庫斯科的種種誘惑，都讓我們倍數增加的行李越來越不像背包客，倒像採購團了！從普諾到庫斯科，我才真正開始接觸印加文化，從美洲豹到印加王，從庫斯科到馬丘皮丘，已經讓我感官的驚艷快要開始麻痺了！

　　回到網友口中不值得一遊的利馬後，所有的神經都緊繃了起來，帶著壓力遊覽著本來不看好的首都。然而，出乎意料的是，我真的覺得利馬是個不錯又善良的城市，這或許和我們運氣好且巧遇的總統府衛兵交接有關吧！

　　親愛的朋友，這是個充滿驚奇的旅行經驗，而且飛機上也開始送餐了，我想我已經等不及要和你們一起分享了！也謝謝你們的祝福與協助，才能讓我愉快且順利的完成這趟旅程。你們已經準備好開始和我一起分享回憶了嗎？讓我們就從那個惱人的簽證與布宜諾斯艾利斯的依戀開始吧！

Preface

Argentina

來自陌生的力量

　　其實我想說的是……旅行，不一定要堅持一個方向，而是讓心底的聲音告訴你下一段旅程的度向。至於規劃當下的變數，就把它當作是一種無法預知的驚喜，而遇到困難時，就傾聽保羅‧柯爾賀在《牧羊少年的奇幻之旅》中的寓意：「當你真心渴望某樣東西時，整個宇宙都會聯合起來幫助你完成。」真的，每趟旅程都彷彿輪迴般，上演我一直堅信的定律。

　　而這趟旅行一如往常般的印證了旅行就是由一連串的變數所組成的遊戲規則。原本我的計畫是要到中美洲的古巴去造訪切‧格瓦拉（Che Guevara）的軌跡與騷沙（Salsa）的律動。順便到墨西哥去探索馬雅文化。因為切是阿根廷人，而且在波利維亞結束他的生命。於是在尋找切的足跡的同時，因為驚艷於阿根廷大冰川國家公園的美麗與波利維亞鹽湖動人的景致，所以才萌生變更行程到阿根廷與波利維亞旅行的念頭。而這一規劃下去，所面臨的都是簽證問題，因為阿根廷的簽證需要有當地的保證人做保，所以變得比較棘手。至於波簽，在我申請阿根廷簽證的當下是非常容易的，是屬於那種繳了錢就可以拿簽證的那種便利。

Argentina

　　於是在出發前六個月，我花了一個月的時間聯繫，終於得到阿根廷當地旅行社的允諾，協助我辦理阿根廷簽證。這時候我才寬心的開始做機票的比價功課。一般而言，即使同一個航班的經濟艙，不同的座位在價格上還是會有很大的差異。而波簽的有效期限是一個月，我在出發前兩個月才開始準備著手申請，而當我向波國駐台商務辦事處提出申請時，意外的得知波國在一週前已經停止在台灣核發簽證了！至於會停止核發到什麼時候？為什麼不再核發？無奈的波利維亞駐台辦事處也沒被告知，只是一通通抱怨的電話，想必也讓無辜的承辦人員吃盡了苦頭。

　　這段時間我聯絡了台灣駐波利維亞商務辦事處，並且請求協助，也向阿根廷當地的旅行社詢問任何的可能性，甚至也請教了網路上的阿根廷朋友，還請了VISA的白金祕書協助詢問。依據上述機構所提供的資訊，我便與波利維亞駐日與駐韓的大使館聯繫，也和阿根廷當地的旅行社討論，只是所有的可能性都介於可行與不可行之間。

　　花了好長一段時間在處理波利維亞簽證，而這期間的收穫應該算是和一群素未謀面的朋友藉由互動而感受到熱忱，當然也有些我不願多提的冷漠……。不過，對於這些來自陌生朋友的力量，我卻有說不完的感動：波國駐台辦事處的小姐了解我們的處境，即使波國已不願核簽，她仍願意為我們嘗試送件到波國，做再一次的努

力。航空公司的小姐知道我們因為簽證的關係可能必須作廢部份機票，她仍熱心的勸我們找她所認識的旅行社小姐詢問。熱心的旅行社小姐也提供他們過境的方式，並願意給予協助。而阿根廷當地的旅行社也積極的接洽波國駐阿根廷大使館，尋求簽證的申辦方式。在旅行社的努力下，波國駐阿根廷大使館同意接受我們的申請，只是他們提出的疫苗注射卻讓我們傷透腦筋。不過，衛生局的小姐也熱心協助我們處理「成年人」口服小兒麻痺和MMR的問題……。

　　以上這些的熱誠其實都是屬於他們平常業務範圍以外的問題，他們也可以像其他人一樣的冷漠對待，或是輕易的說聲抱歉，然後掛上電話，但是對於我們的無助，他們卻給予熱忱與專業的協助。雖然，日後我在許多單位的幫忙下幾乎可以在阿根廷拿到波簽，但是這都必須在阿根廷取件。我擔心到了阿根廷還會有變數，索性放棄。因為這是計畫性旅行，還有旅伴們一同前往，我不希望往返時間有太大的變數，所以最後還是放棄，改到免簽的祕魯。但是對於他們提供的種種協助，卻讓我感念在心，久久無法釋懷。不知道是什麼樣的力量，讓他們願意像國王對待牧羊人一般，對一個素未謀面的旅人投以如此的善意與熱忱。

　　所以，除了感謝，我始終固執的深信，沒有一趟旅行是可以獨自完成的，而每一份美好的回憶，總是構築在許多人的熱忱上。當我恣意的享受這些旅程中所帶來的喜悅與驚豔時，他們無私的善意與熱忱，總不斷的提醒我，別忘了對下一個偶遇的旅人回報以更多

這些看似不起
眼的紙張卻是
我所有旅行的
開端

的熱忱與擁抱。

　　而關於我那些不可多得的好旅伴，忍不住要談談他們的可愛之
處。幾次旅行下來，和旅伴也有了絕佳的默契。我們的工作分配方
面，我負責行程的規劃與安排，其他人負責點頭附議和提供必要的
精神支持。聽起來好像很有趣也不公平，其實我覺得這其中蘊藏著
很大的學問。對規劃的人不公平嗎？其實一點也不，真正犧牲和委
屈的，是那些充滿支持與包容的旅伴們。

　　對我而言，旅行是一種釋放。一種壓力的釋放，一種求知慾的
釋放，一種急欲在短時間釋放慾望去探索世界的意念會佔滿我的腦
海。機票買了，我就會期許這一分一毫的支出，都要具有價值。如
此一來，我的心中就會有許多「我想去……和一定要去……，不能
錯過……」等種種念頭。我們所花的錢一樣多，我想旅伴們也會和
我一樣有許多的「我想去……」，但是他們意見陳述往往只是：
「沒問題啊～怎麼做你拿主意就好了，我們都沒意見！」這樣一句

簡單的陳述。這對我來說是一種支持與信任，對他們而言卻可能是
部分想去景點的犧牲與團體出遊的包容。我想這需要相當的涵養與
信任，真高興我有這些善解人意的好旅伴。

＊旅人充電站＊

這次的旅行真的非常感謝阿根廷當地的「正大旅遊有限公司」協助簽
證的洽辦事宜，由於他們「希望讓更多的台灣同胞看見阿根廷的美」
這樣的同理心與理念，才能讓我們得以擁有阿根廷的絕色印象。

阿根廷正大旅遊有限公司
http://www.hungstourismo.com.ar/h_index.htm

簽証所需的資訊可參考阿根廷駐台商務文化辦事處
http://www.argentina.org.tw/visa1.htm

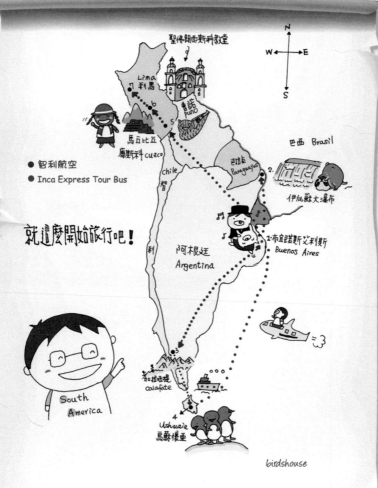

這幅插畫，出自於一位年輕的媽媽之手，她總是自嘲的説她什麼都不懂，卻在我最傷痛的時侯，用她的幽默為我療傷，謙虛的説她什麼都不會，其實，在我眼中，她一直是生活中最能洞燭細微的生活家…

關於她的生活幽默與攝影：超人豬 http://birdshouse.pixnet.net/blog/

你騙人！
布宜諾斯艾利斯哪有很迷人？！

慵懶的陽光從偌大的落地窗透了進來，吃力的看著旅伴們在落地窗前興奮的討論即將登機的航班。回過頭來，數了數手上的感冒藥，拿著一顆往嘴裡丟的同時，心裡默禱著，希望在手上剩下的這幾顆感冒藥吃完前能夠痊癒。然後闔上眼繼續癱坐在候機室的角落裡，希望旅伴們不要察覺我的不適。

直到出發的前一天晚上，我還在為祕魯的行程做準備，再加上前兩天的熬夜，很不幸的，我感冒了……。這是我在旅行時最怕的事了，除了擔心會影響情緒，降低對狀況的判斷能力，最操心的是莫過於成為這個團體的包袱。所以，自搭機前，我就不斷的吃藥，旅程中，甚至把旅伴的感冒藥都吃光了，結果這個感冒竟然還是延續到祕魯，最後竟然和高原反應變成了好朋友，常常一起結伴問候我。

登機前，旅伴一直把玩著手上的「新貴通卡」，興奮的問我到底什麼時候可以用到這張神祕的黑色燙金卡片？這才讓我想起每趟旅程中的小小期待。因為這次旅行搭乘飛機的次數多達15次，所以使用信用卡公司所提供的Priority Pass（新貴通卡），來趟貴賓室之旅也是規劃中的行程。只是，首站成田機場在國際線的轉機

航站，並沒有新貴通的貴賓室，所以必須辦理再入境手續後，入境
日本並走到出境大廳，才會有新貴通的機場貴賓室。這一連串的出
境、入境的解釋，搞得我暈頭轉向。即使如此，對於日本成田機場
的貴賓室，我還是抱有很大的期待的，所以有著非去不可的信念，
加上轉機時間需要5個小時，因
此，再也沒有理由可以阻止我去
努力了。

我們在航空公司的協助下，
辦好了再入境手續，這時候我才
知道原來台灣在日本已經屬於免
簽的國家了。而且在日本這個國

新貴通卡與亞洲萬里通卡

家，對於服務態度的教育與觀念是讓人覺得很舒適的，甚至是一種
沒有壓力的服務。幾次詢問下來，我深刻的感覺到，對於我所提出
的每個問題與請求，我都不會有被拒絕的壓力或者是遭受拒絕的尷
尬。只要肯提出問題，即使不是我們所搭乘的AA航空地勤人員，
他們也都會熱心的幫忙處理，至少我們就遇到這樣的好人。

經過了千辛萬苦，終於找到了貴賓室，這時，卻隱約的從身後
感到一股涼意，我想，旅伴們一定想殺了我吧！之前我曾經以我的
經驗告訴他們，貴賓室享有的福利……，例如，香港有吃不完的泡
麵、瑞士有誘人的巧克力、卡達有迷人的甜點、就連泰國都有各種
三明治和果汁，其他的網路和盥洗設備當然就不用說了，但是，這

相信吧！這裡的感冒藥幾乎都是我一人獨享

個貴賓室竟簡陋到只有桌椅、咖啡和熱茶，而我在貴賓室所做的唯一的事，就是吃感冒藥。我想，或許是失落感加速了病情惡化，縱使旅伴們仍興奮的享受他們的首次貴賓室體驗，但是對於我所期望能給予他們的驚喜，還是讓我在這個貴賓室中如坐針氈。雖然，我心中一直不斷的祈禱，希望在抵達阿根廷之前，身體狀況一定要好起來，才不會給旅伴帶來麻煩，但是，天不從人願，往後的三段航班，我仍在半昏迷狀態與咳嗽聲中度過……。

　　根據我的旅行經驗，只要是農曆過年期間，到每個國家的中國城，都會感受到令人難忘的中國年節氣氛。至少上次在泰國農曆年的中國城，就讓我們逛到腳軟。所以我臨時改變了原來驚豔布市的行程，準備前往中國城，讓沒能在台灣過年的我們，也能在異國感受一下年節的氣氛。

　　到了旅館，我們丟下背包就搭乘D Line地鐵，前往Belgrano區的中國城。出了地鐵站，拿了地圖向路人問了Arribenos的方向，兩個路人比左，一個比右，我心想：「嗯～2比1……」，便決定往兩個人所指的方向走……。剛開始走的時候，東邊看看、西邊瞧瞧，

Argentina

僻靜的中國城

新鮮感還讓我不覺得有什麼不對，等我發現街道名和地圖都不太相同的時候，已經過了三十分鐘。經過再次向警察伯伯確認，原來是一個人所指的方向才對時，我感覺背後已經有一股濃濃的殺氣……。幾番折騰，好不容易看到鐵路，我知道轉角就是中國城了，我快步向前走去，期待著迎接初來布市的第一份驚喜。結果……結果……，這突如其來的僻靜，竟然比我家門前那條巷子還冷清。好個中國城，好個新年快樂啊……。

　　親愛的朋友，或許您和我當初所抱持的預期心理一樣，以為飛機一降落阿根廷時，便開始會看到許多美麗的景致。後來我改變想法，旅行不就像人生般，往往過程中一個突如其來的念頭，便改變日後許許多多的結果。不盡然全是好，或是壞，但是既然是自己所選擇的，就努力把它都變成美好的經驗與回憶吧！

　　當下，我並無法想得那麼透徹，只是單純的自責和為了不想讓旅伴失望，一直想著下一步該怎麼走。只是，漫長的一天還沒有結束，那天的失落感還不止於此……。

親愛的Amigo！
你怎麼可以這樣對我～

　　在中國城的巷口呆站了一陣子……，我無法相信這條巷子的居民正在過著他們的農曆新年。我不甘心的一直往前走，希望能看到一點喜氣和熱鬧的眉目。走著走著，似乎忘記現在已經是下午三點多了，而且旅伴們也都飢腸轆轆了。回頭一看，旅伴已經少了一半，有的餓得受不了而去買雞腳，有的去買豆漿，在這種情況下，只好趕快找一家中國餐館試試當地的中國菜。

　　巴望著一桌看似豐盛午餐，很難想像卻讓我們只嚐了幾口就宣告放棄，因為這南美口味的初體驗真的…很鹹！我們看著眼前無法下嚥的「美」食，一直有種棄之可惜的遺憾。不過，當食物送到口中，那種難以恭維的重口味，還是讓我們選擇望著一道道徒具外表的美食興嘆！此時，我的心底已經開始醞釀著莫名的不安。關於這趟長途的旅行，直至目前為止，一再發生與期望落差甚大的狀況，已經讓我接下來不知道該如何面對旅伴們的期待了。

我到布市的第一個決定就受挫,內心對旅伴們的愧疚感,逼得我必須盡快思考補救的措施,以免這樣的失落感如漣漪般的蔓延。我想起中午和旅館人員洽詢旅行路線時,有提到晚上在五月廣場應該有節目,我看了看手上的時間,現在趕過去或許還可以沾得到邊。

我們邊走邊逛,等出了市中心的地鐵站,天色已經暗了,天上也開始下起零星的小雨。等我們東邊逛逛,西邊走走,到了五月廣場,剛好趕上他…們…散…場!好個狂歡派對,好個日以繼夜思念的城市,親愛的布宜諾斯艾利斯,新年快樂啊!

帶著絕望情緒沿著七月九日大道往旅館的方向走,根本無心感受行走在全世界最寬敞的一條道路,心裡只想著後面那一群人一定很想扁我……。這時看著地圖,忽然發現如果沿著這條路回旅館,途中剛好會經過那家知名

咖啡館內的舞台與探戈

的百年咖啡館Café Tortoni。而且沒記錯的話,晚上應該有Tango show。印象中,在布市的Tango show至少都要100peso以上,在這間知名的咖啡館卻只要30peso,品嚐一杯咖啡也只要6peso。所以,在這頗富盛名的咖啡館裡享受浪漫的價格還算合理,若再加上它那極富特色的裝潢,這是間很值得造訪的咖啡館。

富麗堂皇的百年咖啡館內部與門口

　　伴著手風琴動人的旋律，我第一次感受到探戈讓人翩然起舞的動人情緒，舞台上的舞者跟著音符激盪出纏綿悱惻的愛情，時而激情，時而又傳遞壓抑下的熱烈愛慾。我在布宜諾斯艾利斯的第一個夜晚，就在心底埋下了對探戈無法抑制的迷戀。原來，用旋律與舞蹈竟然也可以如此生動的詮釋著一則則動人的愛情故事。表演結束後，竟讓我不捨起身，我擔心這樣的悸動與情緒再也難以尋獲。當時的我渾然不知，日後在布宜諾斯艾利斯的街上，這是隨處可見的浪漫與感動。

　　當我們離開咖啡館時，已經是晚上十點多了，回到旅館街角的餐館用餐時，我們才遇到南美之旅溝通上的棘手問題，因為這裡的人幾乎只懂西班牙文。我們用英文解釋了老半天，服務生還是只有禮貌性的對我們傻笑，一點都還沒有準備開始點餐的意思。我們只好拿出我們的葵花寶典「手指西班牙」出來。這是我們第一次使用這本工具書，所以有一種有備無患的實踐喜悅。因為看了隔壁桌的海鮮大餐好像不錯，有炸烏賊、烤魚等⋯⋯。於是我們就指指書上的「烏賊」，再指指書上的「炸」這個西班牙字，然後再比隔壁桌的海鮮大餐。終於，我們看到服務生滿意的點點頭，在微笑中還透

露出一種「我完全了解的自信」。我還在心裡自以為是的竊喜，只有我們想得到這麼聰明的辦法，於是開心的討論即將上桌的海鮮大餐。結果⋯結果⋯服務生親切的為我們端上「十二隻的炸烏賊」。看到我們錯愕的表情，服務生一副「這不是你們要的嗎？」的表情，狐疑的看著我們。看著我們「指」來的炸烏賊，真的有種啼笑皆非的無奈⋯⋯。最後索性找來服務生直接把她帶到隔壁桌，對著正在用餐的客人投以抱歉的微笑，指著桌上那些美食⋯⋯，「我們要吃那個啦！」

幾經波折，回到旅館已經凌晨一點了，經過這一整天的挫折，腦海裡一直想著，往後這二十幾天要是都這樣，我怎麼對這些旅伴們交代。這個無端的困擾，再加上無法抑制的咳嗽，讓我整夜無法成眠。由於擔心我的不斷咳嗽所帶來的搖晃會影響睡在下舖的旅伴，索性我就搬到地板去睡。這下好了，冰冷的地板讓我咳到連鼻涕都出來了。看看手錶已經清晨五點了，我終究還是放棄今晚一定要入睡的念頭。正當我打算起來看一下今天的行程時，我竟然看到隔壁床睡得香甜的旅伴不知道夢到什麼，竟然開心到一邊磨牙，一邊抖腳。我親愛的Amigo！你怎麼可以這樣對我⋯⋯。

其實那一晚，如果我知道，這是我這趟南美之行唯一的不順遂，那麼當晚我一定也會和旅伴一樣，睡得很香甜。只是旅行就像人生，你怎麼知道明天又將會面臨什麼樣的驚喜呢？

就讓魔鬼的咽喉吞噬吧！

　　一夜無法成眠的焦慮，終於熬到晨曦。收拾著床邊的行李，也整理當下的情緒。告訴自己這是個全新的開始，也是個充滿希望的早晨，祈禱著今天開始後一切都會變得不同。催促著旅伴開始整理行李，準備迎接南美的酷暑。這是趟在四季中輪轉的旅行，我們以布宜諾斯艾利斯（Buenas Airs）為中心的春天，飛行到伊瓜蘇（Iguazu）的酷暑，享受烏蘇懷亞（Ushuaia）的秋涼，再領略加拉法提（El Calafate）冰河上的冷峻。溫度的變化，彷彿失去規則般的來回跳躍著無法捉摸的律動。隨之而來的，就是一年四季的行頭都得輪流披掛上陣的麻煩。於是我們把大部分的行李都寄放在旅館，只帶了夏天的輕便行頭，準備前往充滿熱帶雨林氣息的伊瓜蘇，去感受令人屏息的震撼！

　　即使我們搭乘當日最早班的飛機，到了伊瓜蘇卻已經是中午了。一出機場，便見到旅館的人員已經在機場等我們了。耀眼的烈日絲毫沒有在布市和煦的溫柔，反而是一種充滿活力的燦爛，明亮的炙熱著我對伊瓜蘇的第一份情緒。終於我們也真正開始感受到伊瓜蘇的熱帶風情！

接駁我們的小巴士在一片茂密的綠意中穿梭，不一會兒，就見到我們的青年旅館Hostel Inn了。才一到旅館門口，旅伴就用狐疑的表情小聲問我：「我們是不是搭錯車了呀？」

「每人一個晚上才三百多塊台幣的旅館怎麼會有游泳池？」

「沒錯啊～這和我在網路上看的一樣。喂！我提醒了這麼多次還是沒帶泳衣喔？」

看來這些傢伙行前有用心聽我說明的只有Shopping地點而已……。其實日後入住了幾間青年旅館後，我逐漸喜愛上阿根廷青年旅館的規劃：有完善的休閒設施，齊全的廚具和舒適的公共空間。這也讓我開始喜歡在烹飪時，與來自世界各地的旅人互動的感覺。藉由來自不同地域的飲食文化差異與味蕾的驚豔交錯，往往都能帶來意外的驚喜。

計畫中的伊瓜蘇瀑布至少需要一天半的時間才能遊覽完成，所以即便我們辦好住房手續已經兩點了，還是趕忙前往，深怕錯過了所有該有的美麗與驚奇。搭了公車到Puerto Iguazu市中心後，因為擔心到達國家公園會太晚，而影響留滯國家公園的時間，所以一下

車就拖著旅伴尋找前往伊瓜蘇的巴士站。在街上轉得七暈八素，好不容易找到巴士站，才發現這個巴士站不只是到伊瓜蘇國家公園而已，也有到達巴西端的伊瓜蘇瀑布、布宜諾斯艾利斯……等幾個大城市，是個很大的轉運站。只是手上的指針已經指向下午三點的無奈，看著旅伴利用公車到達的空檔，在巴士站旁的攤子囫圇吞著經過油炸的餃子，心中還是有著幾分的愧疚。自從到了阿根廷以後，可憐的旅伴們始終沒有好好的吃過一餐。每次趕起行程來，犧牲的總是民生問題。而難能可貴的是，我從未聽到他們絲毫的抱怨，真是一群不可多得的好旅伴。

搭乘巴士大約三十分鐘左右就到伊瓜蘇國家公園了。一下巴士我們看到入口處的女孩都是比基尼的穿著，再轉頭看看同行的旅伴，為了防曬而包得密不透氣的Ivy和Winny，突然有種想拋棄旅伴而擁抱比基尼女孩的衝動。不過那時候我們還不太清楚，為什麼進去國家公園的女孩都穿著比基尼的泳裝，而從國家公園出來的人卻都全身濕透？隔天，我們就對這個疑問有了深刻的體認。縱使Ivy和Winny仍堅持包得和肉粽一樣，但是大夥兒仍免不了全身濕透的下場！

我們打算在國家公園18：30關閉前欣賞完瀑布最上方「魔鬼的咽喉」的部分。聽說這是伊瓜蘇瀑布最震撼人心的部份，也是我所期待能一掃這兩天來對阿根廷失望與無奈的唯一希望。趕搭上園區內16：00出發的小火車，在綠意盎然的叢林中，突然想起這個

進入國家公園的標準穿著──伊瓜蘇國家公園前的比基尼女孩

世界八大自然奇景之一，也是世界最寬的伊瓜蘇瀑布的一些歷史故事。「伊瓜蘇」在當地印地安人的語言中是指「大水」的意思。西元1541年1月31日，因西班牙探險家Alvear Nunes Cabeza De Vaca，當初為了要尋找巴拉圭首都亞松森的路而意外發現了這個瀑布。當伊瓜蘇河自巴西海拔1300公尺高的瑪勒山脈，流到阿根廷的Puerto Iguazu時，突然遇到了大斷層，才造就了這個面寬2700公尺（其中2000公尺屬阿根廷，700公尺屬巴西），高度在65到90公尺之間的馬蹄形瀑布。它的寬度更甚北美的尼加拉瓜瀑布，難怪美國總統尼克森

伊瓜蘇國家公園的小火車

來看過伊瓜蘇瀑布後感慨的說：「我可憐的尼加拉瓜瀑布……。」

火車到站後，我們沿著步道向瀑布走去。循著蜿蜒的河道問候著河上泛舟的遊客，彷彿是以悠閒的雅緻鋪陳出即將呈現的期待與震撼，也有種漸入佳境的情緒。當我們遠遠見到空中瀰漫的水氣與震撼的水聲，我就知道驚喜不遠了……。澎湃的水聲交錯著翻騰的霧氣，讓駐足在瀑布前的每個人都激動得說不出話來，我甚至感動得差點落淚。激動的搜尋腦海中所有用來形容讚嘆與感動的辭彙，來與旅伴分享當下的震撼，卻無奈的發現我竟然詞窮了，記憶中關於感動的詞彙竟都不足以形容伊瓜蘇瀑布的震撼與絕美。只能陪著始終張大嘴的旅伴們一同拭淚，嘴裡不斷咕噥著：「這趟值得了……。」

這般懾人的「魔鬼的咽喉」不但帶給我空前的震撼，也吞噬了我日前所有的不順遂。如果你要我描述伊瓜蘇瀑布的美景，我只能引用用阿根廷著名的文學家Borge對它的描述：「這個瀑布的優美、壯觀，無法用筆寫出來，無法畫出來，更無法攝影下來，唯一的方法就是親自來體驗！」

厚～
是誰說只會濕一點的…？

「我可以邀請妳和我們一起用早餐嗎？」

這是我們此行遇到唯一可以和我們暢所欲言的人。她是一個來自中國大陸的女孩子，她在南美已經獨自旅行一個多月了，往後還有一個多月的行程要走……。看著她安靜的在吧檯挑選著水果，沉默的啜飲著咖啡，但是他鄉遇故知的熱烈情緒，卻簇擁著我前去攀談。我把我們對布市的絕望與悽慘的遭遇娓娓道來……。而她只是莞爾的聽著我們口沫橫飛的無奈，然後溫文儒雅的提出她的看法與建議，相較於我們的聒噪，旅行的歷練似乎比較清楚的在她的身上看到成績。在她清楚的說明下，經由她詮釋的牛排與Tango Show，彷彿在我們的眼前交錯起美味與旋律的感動，若無法親自體會，彷彿已經是人生的一場缺憾。雖然是短暫的交談，但是能在異域遇到說著同樣語言的朋友，真是難得的愉快。縱然有百般的不捨，我們仍有今天既定的行程要走，而她也必須離開伊瓜蘇了，最後我把背包上的客棧吊牌＊送給了她，並告訴她吊牌的意義，希望她不管走到哪裡，都能感受來自台灣的熱忱。

經過昨天下午的震撼教育，我們已經等不及要去參觀瀑布的下層部分了。經過打聽，我們知道只要在旅館門口就可以搭乘前往伊

瓜蘇的公車,這對我們來說可省下了往來市中心的車費與時間。而且更棒的是,在公車上和一些法國朋友聊天時,發現只要憑前一天的國家公園票根,就可以享有隔日半價入園的優待。欣喜之餘,我還是對於「如何證明這張昨天的票根不是你撿到的?」感到懷疑!當我到了售票口亮出昨天的票根要求優待時,我的疑問馬上有了答案。因為我必須從我的數位相機中秀出昨天在公園內所拍的相片,真是個令人莞爾的好方法。

我們今天可以很悠閒的欣賞這個國家公園,所以就發現在這個國家公園裡其實還是有許多的原住民藝術家,有雕刻家、畫家……。看著這些美麗的藝術作品,我以日前旅行的經驗判斷,作出了一個錯誤的決定。我想,一般在國家公園裡

Argentina

販售的紀念品，市區應該都有在賣，而且市區的選擇多、價格便宜，索性就到市區買吧！結果事實證明阿根廷真的是個不太一樣的國家。我們在國家公園裡所看到的藝術家作品，不但市區找不到，就算找到類似的，也不及國家公園的精美和價格合理。真的是「過了這個村就沒那個店了！」還好我只錯過了木雕，沒放過手繪的盤子。關於這些手繪瓷盤，可是我到每個國家旅行所不容錯過的收藏。

我們沿著步道一連欣賞了許多的瀑布，這和昨天欣賞魔鬼的咽喉有截然不同的感受，這是一種悠閒而又不時出現驚喜的熱帶饗宴。穿梭在熱帶雨林與瀑布所交織的小徑，讓人彷彿置身大自然的擁抱裡。而眼前不斷流轉的美景，一直是我所陌生的原始，也是深深烙印在我心裡的澎湃與詩意。兩種極端的意境，竟也能在眼前毫不矛盾的和諧呈現。

不過，我想旅伴們最高興的是今天終於可以準時午餐了。我們被悠揚的琴聲吸引，即使在伊瓜蘇國

不用懷疑，汽艇就是跑到這個瀑布裡面

家公園裡，仍輕易可見阿根廷街頭藝人的踪影。我們索性就在琴聲悠揚的樹下，享受我們的美酒和麵包。啜飲著葡萄美酒的奢華，實在很難想像在阿根廷有些地方，紅酒竟然比礦泉水還要便宜……。

今天的行程有個壓軸，就是我們要坐汽艇去瀑布的下方沖水。出發前在網路上得到的訊息「眾說紛紜」。有的說只會濕一點，有的說會全身都濕……。當我們越向瀑布的下方走去，看到回程遊客的慘狀，我們這才想起為什麼昨天我們遇到的人會像掉到水溝裡一樣。我們邊排隊邊穿救生衣的時候，忽然想到那我們的背包怎麼辦？才沒多久，就看到國家公園的人員在發防水袋了。等了好一會兒終於輪到我們，在上汽艇之前我真的很難置信是要衝到瀑布裡面去，而且那哪是沖水，那根本是在瀑布下洗澡……。驚呼聲和著從天而降的飛瀑，淹沒著我們的是一種前所未有的舒暢與痛快。當汽艇衝了幾次瀑布以後，我們喊得連尖叫的聲音都沒有了。「洗完澡」的我們縱使全身濕透，依舊回味無窮！本想重回到瀑布的上方再感受一次魔鬼咽喉的震撼，但是由於已經接近國家公園關門的時間，只好依依不捨的告別瀑布。

只是我們在回程的路上稍作休息的時候，竟被一個可愛的小偷逗得我們捧腹開懷。在這個國家公園裡，我們見到了許許多多不設欄而四處遊走的野生動物。但是要像這隻長鼻浣熊

厚～是誰說只會濕一點的⋯？

完全無視於我們的存在而且大剌剌的在我們身旁翻著我們的背包，然後悠哉的把我們的麵包帶走，我想還算是個難得的經驗。

既然這是在伊瓜蘇的最後一晚，當然得到市區逛逛。雖說有伊瓜蘇瀑布的加持，但是簡樸的小鎮似乎沒有因為觀光的興起而影響了她的靜謐，相對於急欲感受阿根廷文化的我們，難免有些許的失落。不過這趟夜遊市區最值得一提的，還是旅伴阿明作東的烤肉大餐了。在阿根廷這種吃到飽的牛、羊烤肉大餐很多，價格也很合理。像我們這種累了一天後，再享受吃到撐的烤肉大餐，大概也只折合台幣兩百多元而已，真是一種不可多得的實惠與美味。

＊旅人充電站＊

知道背包客棧嗎？<http://www.backpackers.com.tw/>對我而言這是個旅人天堂，在這裡你可以發現所有旅人的熱忱，與彼此協助的默契。當初，背包客棧曾發起一個背包吊牌的活動，該客棧的創辦人無償提供所有的吊牌給網路上的旅人，而目的只是單純的希望無論在地球的每一個角落，只要見到吊牌的旅人都能彼此協助，即使在異域也能感受來自家鄉的擁抱。

布宜諾斯艾利斯,讓我們
重修舊好

　　終於還是得和布宜諾斯艾利斯重新來過。睽違了三天,我想妳還是願意再給我機會,讓我為妳的百變與嫵媚心醉吧!這一次我想,我一定會愛上妳的⋯⋯。

　　再看一遍離開伊瓜蘇的青年旅館時,櫃檯人員轉交昨天那位中國女孩留給我的字條,上面清楚的寫著在布市哪些地方的牛排好吃,哪些地方的Tango Show精采,心中滿懷感動。即使她要離開,仍不忘我們曾經抱怨的遺憾,希望我們在重返布市後,能深刻地感受到這城市的美好。我想旅人就是這

中國女孩的善意

樣,永遠有用不完的熱情與記憶的分享。而每次旅行所接受協助的感動與熱忱,往往會讓我們急欲回饋給下一次偶遇的緣份。

　　飛機緩緩的降落機場,心裡卻無法像起落架般優雅的準備親吻大地,盤算著三天之前的我是如此遺憾的離開,這次應該可以讓旅伴在布宜諾斯艾利斯留下開懷的記憶吧!

　　回到旅館稍做整理後,我們向七月九日大道出發。布宜諾斯艾利斯真是個藝術之都,沿途有趣的彩繪不時讓我們駐足留連。漫步

在世界最寬的七月九日大道上，我見識到了南美巴黎的魅力。各式歐化的建築，華麗的在布市中林立，我想任誰走在這條大道上，都可以想見當時阿根廷積極要將布市建設為南美之最的企圖心。

交錯七月九日大道的五月大道，由東邊的國會廣場開始到西邊的五月廣場，再延伸到北邊的聖馬丁廣場，浪漫的勾勒出一條知性與感性的布宜諾斯艾利斯印象。縱使到了五月廣場，正在維修的粉紅宮讓我們遺憾不少。無法想見當時艾薇塔在窗台前告別愛戴她的民眾那種感傷，卻又在我們如此接近時，用防塵網與施工架遮掩我想窺視的美麗與哀愁。我想或許妳了解在此時此地是不宜感傷的，因為我們都有默契，這一次我將愉快

的愛上妳，親愛的布宜
諾斯艾利斯！

　　五月廣場旁的大都
會教堂裡，縱使寧靜也
無法掩蓋其建築風格的

璀璨與華麗在我心中激起的澎湃。在這片祥和的氛圍中，我藉由相
機為這份感動作了見證。而旅伴……也在這片寧靜的氛圍中，把握
機會「不小心」呼呼大睡。我想會讓旅伴們這麼好眠，除了教堂內
燈光美、氣氛佳以外，應該就是我拍照的時間太長了。其實這幾天
以來，真的太難為旅伴們了，為了趕路，犧牲的往往是大家的睡眠
與用餐的次數。而這幾天下來，也從未見旅伴們有任何的抱怨，只

Argentina

是沉默的配合,然後給我一個堅定的「我們相信你」的微笑,真是一群不可多得的好旅伴。

　　悠閒的在頗富盛名的百年咖啡館Café Tortoni裡品嚐價格親民的咖啡。沉浸在五月廣場的氛圍中,並遙想當年艾薇塔在粉紅宮的窗台前告別愛戴她的民眾時是如何地感傷,讓人在交錯的時空冥想中感動得入神,這是怎樣的一個城市,如何能擁有得天獨厚的美麗!

　　經過短暫的休息後,我們在商店林立的Florida街上享受令人垂涎三尺的冰淇淋。這種口感有一點像我們在伊斯坦堡吃到的冰淇淋一樣,富有獨特的黏性

口感黏蜜的冰淇淋

與美味。讓人對這唇齒間味蕾所傳遞的感動,有著欲罷不能的迷
戀。在這條街上我初次體驗到布市豐富的街頭藝人表演。在台灣或
許已經偶爾可以看到街頭藝人的表演,但在布市這些街頭藝人與探
戈出現的頻率,應該怎麼形容…?!大概就像我們台灣特有的檳榔
文化在上高速公路交流道前出現的頻率一樣吧。我不知道是否引喻
失當,但我想說的是「真的很多」。不知道我們的文化特色,何時
能讓人有愉悅的收穫,而非只是一笑置之的印象。

在五月大道上來個泡沫浴吧！

　　縱使有再精采的街頭藝人表演，櫥窗裡香氣四溢的燒烤羊肉，依舊提醒著我們還有民生問題需要解決。我們索性就到那位在伊瓜蘇巧遇的女孩所推薦的百貨商場Galerias Pacifico用餐。或許因為過度期待，反而失去對美味應有的驚喜。雖然相較前些日子用餐的情緒，不再有誤觸地雷的風險，但是在我心理還是渴望能擁有融入阿根廷街頭巷尾美味的機會。心底盤算著，明天在市集裡，一定不放過打從心底的追尋與渴望。不過，即便是單純的百貨商場，也可以在圓頂的彩繪上看到布市藝術蔓延的痕跡。看來布宜諾斯艾利斯是不會輕易放過任何能夠讓她炫耀藝術天份的城市。

1 香氣四溢的燒烤羊肉
2 圓頂的彩繪

Cervantes劇院

阿根廷遲來的夜幕似乎錯亂我們對時間的概念，才走出商場竟發現所有店家幾乎都休息了。驚訝之餘看了看錶，竟然已經九點多了，而我們預計今天要完成的行程卻才走了三分一。我思考了一下，既然無法在日後滿檔的行程裡再插入重遊的時間，就算是朝聖吧！也該去看看貝隆劇院長得什麼樣子吧！其實來布市之前就聽說布宜諾斯艾利斯有許許多多的歌劇院，數量應該算是南美之最。即使我們只能在劇院外留連，仍不難想見內部的華麗與氣派，一直期望能一窺歌劇院裡的氣派包廂，看來我真的在大都會教堂與街頭藝人表演裡沉迷太久了，以至讓今天的旅程留下小小的遺憾。不過，這也讓我對日後的行程與即將面臨的驚喜充滿期待。

因為布市就像個準時就寢的乖寶寶，逐漸暗淡的燈火提醒我該早點回到五月大道的旅館。就當我越接近五月大道就越驚見人聲鼎沸，這時我才想起早上計程車司機與旅館人員要我早點回來的事了。因為在二月的每個星期六的夜晚，在五月大道上都有精采的嘉年華會。

我本來以為只有單純的節目表演，一直到我聽見後面Ivy與Winny的驚叫，並回頭竟然看見臉上和身上滿是泡沫的她們，才覺得大事不妙。雖然前方距離我們的旅館不到300公尺，但是等我們東躲西閃的回到旅館，身上已經可以說是「裹上一層泡沫了」。我們怎麼可以錯過這個精采的泡沫遊戲，背包一丟，飛快的下樓加入這場混亂的泡沫大戰。在混亂中，我們經由周遭朋友的說明得知這場遊戲的規則，就是除了街頭表演的人們不能無理的向他們噴灑泡沫外，其他的就百無禁忌了。不過我還聽說在這之前，原來是潑

小朋友～還玩啊！放過我吧～

水的,至於泡沫是前些日子才演變來
的。

　　剛開始的時候還怕別人會翻臉,
總是輕輕回擊,噴個意思而已。但是
卻引起更多人的興趣,因為…因為…
因為這些「肉腳」好像沒什麼戰鬥力
嘛!結果等到這兩隻母老虎飆起來,
看到其他人落荒而逃的樣子,我還真
慶幸和她們是同一國的。

　　今天在五月大道的夜晚,不管你來自何方,藉由泡沫傳達的南
美熱情,讓只有一面之緣的人們或相擁、或狂歡,甚至不忍即將到
來的別離。若是問我這個熱情的夜,瘋狂到幾點?我只能說當我帶
著滿身的泡沫與不捨回到旅館,在盥洗後的闔眼之前,我的耳際仍
傳來路上的嬉鬧與歡笑……。

La Boca別把顏色都用光了！

　　這是一個很矛盾的選擇，我想在整個布宜諾斯艾利斯，不！應該是整個阿根廷，La Boca 是唯一被旅遊書籍標註「旅客小心」的地方，但卻也是布市最具色彩的地方。

　　在一位好心婦人的帶領下，我們在不起眼的巷弄中找到了前往 La Boca 的公車站牌。對於我連聲的道謝，那位和藹的老婦人回應我的是臉頰上輕輕的一吻。雖然長久旅行以來，我對於這種禮貌的回應，已經漸漸習慣，但是老婦人這種和藹的善意，還是在我心底留下深刻的印象。我們決定搭公車並不只是因為費用便宜，主要的考量是既然來到了一個陌生的城市。如果可能的話，總想嘗試所有的交通工具。而且我們的目的很好認。只要聞到海邊特有的氣味，只要看到五彩繽紛的顏料開始恣意灑在每棟迷人的建築，就可以準備下車了。

　　臨下車前，一位好心的阿根廷人看到我們手上迫不及待的相機，還不斷的提醒我們相機要收好，還有不要逛離海邊太遠的巷子，這才讓我們的興奮稍稍收斂。我想每次我都這樣，一見到眼前的美景就興奮的把所有戒心都拋到九霄雲外去了。還好幸運之神眷顧，總有善心人士提醒……。

　　如果頑皮的天使，會有打翻調色盤的可能，那麼灑落的顏料必然落在La Boca了，這就是我對La Boca的第一印象。其實這已經是一個廢棄的港口，當年大批的義大利移民懷抱著夢想在這個港口開始尋夢，而隨著時代的變遷，當年滿懷希望的人們或許已不復存在，夜夜笙歌的繁華也逐漸褪去，但淘金夢碎的異鄉遊子，卻為這個原本沒沒無聞的港口，用鮮豔的色彩留下令人難忘的印象。

　　我們被五顏六色的豔麗所包圍，我很難想像會有一個城市能帶有如此豐富的色彩。而我們彷彿就像身處在一幅色彩鮮明的抽象畫裡，瀏覽這個城市的靈魂。時而悠揚，時而強烈的探戈節奏，恣意的在這個城市的巷弄裡傳頌著。而伴著節奏起舞的探戈舞者與隨性起舞的旅人，都為這個城市點綴起讓人留連忘返的獨特色彩。鮮明

随處可見的街頭探戈

亮眼的招牌與造型豔麗誇張的人偶，總是跳脫刻板的建築規律，在這個城市的每個角落提醒你，這個城市對於色彩與藝術的天份與執著。

　　沿著Caminito街往下走，當色彩斑斕豔麗逐漸退去，你不難發現La Boca的另一張無奈的面容。這個與華麗的布市格格不入的貧民區，和熱鬧Caminito街雖然只有一街之隔，卻存在著兩種截然不同的生活方式。來自世界各地幸福的旅人與生命的意義只剩溫飽的人們，同在La Boca的天空下……。

　　回頭看到那些來自日本雍容華貴的旅行團，我想，在導遊盡情吹捧La Boca豔麗的當下，是否也會順帶提及她的無奈。不過可以確定的是，旅行的自由讓我們看見了事物的真相並非如外在般的絕對，也讓我們更加珍惜身邊所有的一切。

春光乍現裡的沉睡

　　跳上公車離開色彩繽紛的La Boca回到五月廣場。我刻意安排停留在布市的日期都是週末，就是為了這些超級迷人的跳蚤市場。從五月廣場的Defense街走去，這裡有布市最大的假日市集。與其說是假日市集，倒不如說是布宜諾斯艾利斯最具特色的表演舞台。而在Defense街這個舞台所上演的，是布市的藝術家竭盡所能的天份與目不暇給的街頭表演。

　　我從沒看過如此豐富的街頭表演。根據當地人的說法，在Defense街上有超過百組以上的街頭表演。如果每組都看，我想花一整天的時間都不夠。不過其中最吸引我的就是一些玩偶的表演，因為這是唯一和我們沒有語言隔閡的表演。

他們運用音樂與活潑的肢體語言,表達一則令人莞爾或捧腹的趣味故事。而來自世界各地的旅人,往往都能輕易融入表演者所營造的情境。這些表演者與玩偶之間的互動,是那麼自然與和諧,常常讓人看得入神,而深陷在這些藝術家所欲傳達的喜悅與浪漫,留連不捨離去。

　　而我在目不暇給的攤位上,發現了許許多多可愛的精靈。這些森林裡的精靈在這裡應該小有名氣。因為我看到當地的藝術家用許

多不同的方式去詮釋這些令人愛不釋手的精靈。不管是生動寫實的雕塑精靈,還是可愛動人的Q版精靈,都在這個市集裡頻繁的出現。而他們每次的出現,不只吸引所有小朋友的目光,也吸引我的荷包。

　　喝過瑪黛茶嗎?這些日子以來,隨處都可以見到阿根廷人手捧著茶壺,嘴裡含著吸管,愉快的喝著瑪黛茶。當地人喝瑪黛茶的方法很有趣,先將一根長約15～

18公分底部有過濾網（濾茶葉用）的金屬吸管插進瑪黛茶杯裡，跟著放入瑪黛茶葉，之後再注入熱開水。圍坐的朋友就依序傳遞著茶杯和吸管，邊吸邊聊。傳遞溫熱的瑪黛茶，也傳遞著彼此分享的情誼。我很喜歡阿根廷的瑪黛茶分享文化，除了是一種有趣的特色之外，也蘊含著人生分享的智慧。而在這個市集裡，必然有許多吸引人的瑪黛茶杯。我在這個敲敲打打的藝術家身旁駐足了一會兒，望著他手工敲打出來的瑪黛茶杯。驚訝的從粗獷的線條中，明確的看到表達他所要傳達的訊息。方才要張口稱讚，他已經微笑的詢問我要不要刻個什麼在杯上了。「就給我個布宜諾斯艾利斯吧！」丟下這句話，我便開始期待即將呈現的驚喜。果不其然，短短的五分鐘之後，我看到七月九日大道上的方尖碑，在層層疊疊的高樓大廈中，遺世獨立著她的驕傲。簡單的線條卻明確的讓人看到布市的特

1 手工敲打出來的瑪黛茶杯
2 給我個布宜諾斯艾利斯吧！

色，這是我此行愛不釋手的紀念品。

在這條應有盡有的藝術街上，我終於一圓我渴望品嚐當地平民美食的宿願。我在街角的巷弄裡，遇見了一位性格的廚師。他哼著我聽不懂的小調，表情認真的詢問著我們的需求。我喜歡這個街角的美味與實惠，像如此豐盛的雞腿與牛排套餐，我們一夥人吃下來還不到30peso（台幣300元左右），算是令人印象深刻的美味了。

當然，這麼熱鬧的場合，探戈自然不會缺席。除了專業的表演者，其中也不乏許多即興加入的觀眾。一場精采的探戈盛會在Defense街上放肆的舞動著。或許你只願當個沉靜而又滿懷感動的觀眾，也或許你願沉醉的翩然起舞。在這熱情洋溢的Defense街上，我感受到旅行之中無可取代的自在與浪漫。

這條街在我人生的旅程中畫下一個很大的驚嘆號！我很難想像會有一個這麼富有生命力的地方，將所有對於藝術的熱情緊緊擁抱。我不知道這是什麼樣的力量與文化特性，竟讓人擁有如此深刻的印象。我想我對布宜諾斯艾利斯的驚豔已經超出迷戀的界線了。

就憑藉著梁朝偉與春光乍現的片段印象，竟然對布宜諾斯艾

看得到這條街的盡頭與熱絡嗎？

利斯的Bar Sur有著朝聖般非去不可的執著。即使這一整天逛下來大家都面露疲態，我仍執意前往。而對於欣賞探戈的氣氛，我想每個人都有不同的見解與想法。有的旅伴就很喜歡像Café Tortoni那種有表演舞台的感覺，而我卻鍾情這種小酒館式的浪漫。那種「舞在身邊」的融入感很容易讓人陶醉。黑白相間的地磚，溫暖簡單的陳設，再加上固定不多的座位，都有一種專屬的浪漫氣氛！

只是，走了一整天的疲倦，讓我們在這個溫馨的氛圍裡，不小心打了瞌睡。當我看到演唱者愉快的和我們互動問好時，我們睡到差點跌倒的尷尬，我想對於她和我們都是個難得的經驗。或許因為春光乍現這部電影讓我們來到這裡，但是每個人所擁有的感受都不盡相同，或遺憾，或抱怨，或睡得很飽！也或許和我一樣有著小小的感動！但不管如何，如果讓我重新選擇，我還是希望能擁有小酒館裡的浪漫！

1 Bar Sur 的探戈
2 我非常喜歡這張的感覺喔！

旅行中的旅行

這些日子以來，我彷彿是客居布市的遊子，在布宜諾斯艾利斯的驚艷與其他的美好城市之間來來去去。而Estoril Hostel 就像是我們在布市的家。今天我們又將離家旅行，到三千公里外的EL Calafatel。此刻的我們對布市並沒有絲毫的不

Estoril Hostel 的交誼廳

捨，因為下個週末，我們又將重返布市色彩的擁抱。忽然有種小小的幸福感，旅行之中所延伸的旅行，在往返布宜諾斯艾利斯之間、在班機起落之間，竟發現藏在眼角的幸福淚光！

我們又再一次的將瘋狂採購之後越來越多的行李，堆在旅館的行李房裡，微笑的告別在門口為我們送行的旅館人員。我們開玩笑的請他要幫我們看好家，不用太掛念我們，週末就會回來了。

離開之前，我們到旅館旁的國會廣場走走，看來我們的運氣依舊了得。當我看到廣場外一層層的圍籬，就知道她和粉紅宮一樣都在整修，頓時一種強烈的失落感湧上心頭。之所以挑選國會廣場附近的青年旅館，主要是為了曾在旅遊手冊上看過的一張相片——從

　廣場前的老鷹銅像背部拍向國會大廈。由於那畫面中所呈現出的宏偉貴氣一直深植在我的心裡，所以也一直渴望能擁有一張屬於自己拍攝的經典作品。只是眼前用圍籬所遮掩的一切，只能讓我遠眺這足以震撼人心的遺憾了。如果這一切再晚一點計畫整修該有多好，或許這些小小的遺憾剛好是我必須重遊布市的好理由吧！

　　當身上的穿著自原本輕便的夏季服裝，開始換上防寒褲與「GORE－TEX」外套和圍巾，我們便已經來到三千公里外的Calafatel 了。短暫不過三小時的航程，溫度竟然驟降二十度。而且

華麗貴氣的建築全都和我們服裝一起改版，蛻化成一棟棟的木造建築。全然是一派歐式的鄉間悠閒。這個依偎在Argentino湖邊，因為大冰河國家公園孕育而生的觀光小鎮，她擁有全阿根廷最昂貴的物價，所以經濟拮据的我們，決定利用旅館提供的廚房自己開伙。正當我們在超商採買蔬果時，一種熟悉的語言問我們是不是從台灣來的？當下聽到這樣的詢問，心中滿是感動，這是我們來到阿根廷後，首次遇到來自台灣的同胞。這對母女介紹我們到同樣來自台灣而在當地開餐廳的夫婦餐廳裡用餐。這間名叫Tierra Bendita的餐廳

木造的城市calafatel

意思是「神祝福的地方」，真是個充滿寓
意的好名字。這對夫妻和我們一樣，來自
台灣的高雄。原本在布市經商，但是看好
EL Calafatel的前景，所以才舉家搬來這裡
經營餐廳。整個用餐過程中，老闆都很熱心的招待我們並和我們閒
談當地的生活與甘苦。但是更吸引我們目光的是那些富有台灣口味
的美食和烤肉了，這是我們在旅行之後久違的台灣口味。其實在阿
根廷這種吃到飽的餐廳價格都還算合理，像老闆給我們折扣之後，
每個人的消費也只有台幣兩百多元而已，是個非常實惠的選擇。

　　我想這是個悠閒難得的換日線，是酷暑與秋涼轉換，是繁華與
簡樸蛻變。我們在這瞬間幻化的環境中，愉快的準備明天大冰河國
家公園的冰上健行之旅。喔！對了，還是忍不住要說：「布宜諾斯
艾利斯真的很迷人，是吧！」

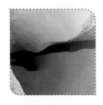

5cm×10cm的決定

　　還記得嗎？原來我的旅行計畫並非是阿根廷與祕魯。而是到中美洲的古巴，去造訪切‧格瓦拉（Che Guevara）的軌跡和騷沙（Salsa）的律動，於是在追尋他的足跡的同時，無意間在Lonely Planet上看到摩雷諾大冰河（Glaciar Perito Moreno）的相片。這一切的改變都從那5cm×10cm的驚豔開始，而今天我竟然站在摩雷諾大冰川之前……。

　　雖然在此之前，餐廳的老闆一直強力推薦我們參加搭乘遊艇遊冰河的行程，但是經過了旅館人員說明了對於冰河健行的體力與年齡限制後，更加深了我前往探索的興致。有時候想想自己真的很

改變旅程的那張5cm×10cm摩雷諾大冰河相片

奇怪，一聽到「限制」兩個字，
心底就莫名的燃起一股征服的狂
熱，所以冰上健行的行程似乎對
我有著無庸置疑的絕對魅力。

　　這個在西元1981年就被聯合國登錄為世界自然遺產的冰河國家
公園，也是世界上非常少數目前仍在增長的冰河，並且也同時是目
前人類最能近距離觀賞的冰河。對於頂著這麼多絕無僅有的光環，
即將身歷其境的冰河旅程，怎能不雀躍期盼呢？

　　上午小巴士將我們從EL Calafatel載到一個半小時路程以外的冰
河國家公園，抵達當下，我們的情緒只能用震撼來形容。這和伊瓜
蘇瀑布的澎湃激昂截然不同，而是一種強烈對比的驚豔。我這才了
解，原來寧靜的絕美也能藉由視覺的傳達，在心裡激起難以平復的

感動。原以為看過伊瓜蘇瀑布，就再也難以讓觸目所及的景致，鏗然的撥動心弦。卻在這巴塔哥尼亞高原的冰河前，再一次在心底烙下泫然欲泣的感動。我站在這一大片雪白與湛藍交織的美麗帷幕前，沉靜的等待，等待眼前部分冰河崩解後，所帶來的清脆悅耳的鳴奏，聽說這是另一種純靜自然的天籟與震撼。果然，應聲落下的冰岩與其他冰河的磨擦，敲擊出一道劃破寧靜的清脆。而隨之崩解的冰岩在掉落湖面之後，所激起的視覺震撼，也讓在場的旅人領略到無可比擬的驚豔。而我只是靜靜的，靜靜的承受這接二連三不斷襲來的感動，甚至還沒有足夠的時間來反應這一切來自大自然的美好。

搭船前往健行的目的地

　　我們在大冰河國家公園景觀台上用簡單的麵包果腹後，就準備搭船前往冰河健行了。其實事後想想，只要參加這個冰河健行的行程，就等於參加了冰河行程中的所有行程了。因為在國家公園的行程安排有三種：一種是單純的參加摩雷諾冰河的景觀台行程；一種是搭船遊冰河；另一種則是有年齡及體力限制的冰河健行行程。因為冰河健行有上述的限制，所以一般國外的旅行團都不會考慮參加，不過這倒成了自助旅行者的專屬享受。在我看來，要完成健行行程，必須先到景觀台欣賞冰河，再搭船經由冰河到達健行的地點，最後再開始冰河健行，所以有一種一票玩到底的痛快。這無疑是自助旅行的旅人們最好的選擇了。

　　對於導遊的專業，在阿根廷我一直有很深刻的感觸。他們的專業與認真，還有對環保的重視，是我前所未見的印象深刻。我們在開始健行之前，導遊很清楚的用英語和西語說明摩雷諾大冰河的形成：「巴塔哥尼亞高原南部有偏西的氣流。這和從太平洋所帶來的高濕度氣流在安地斯山脈匯流後，形成非常豐富的降雪地帶。

導遊精采的解說

因為剛落下的新雪含有許多的空氣，所以每一立方公尺的雪大約只有一百公斤。再經過長時間的擠壓與溶融，每一立方公尺的雪就幾乎重達五百公斤了。而當我們眼前看到這些經過千萬年的累積與增

長的冰河結晶，每立方公尺的雪重量都已經超過九百公斤了。而經過上游的冰層不斷的增長擠壓，這些冰塊會隨著山谷向下滑動，且在歷經千萬年的旅行後，才形成了現在的冰河奇景……。」

我們在導遊的協助下套上釘鞋，開始我們的冰上健行。這是個很有趣的新鮮體驗，雖然這已經不是我第一次在冰上行走，卻是我第一次套上釘鞋在冰河上行走，這才真正了解「如履薄冰」的真實感受，時時刻刻擔心著會跌倒或是踩破冰層。導遊看出了我們疑慮，於是耐心的教我們如何在

起伏的冰上行走，也引導我們觀賞每個冰河上的奇景，甚至在大夥的簇擁下，他還秀了一段冰上的攀爬絕技。

　　行走在眼前這片無崖的冰河上，環顧四周的雪白與湛藍，彷彿置身在一種不真實的夢境裡，又或者是童話故事中才有的場景描述。所有的時間似乎都凍結在這片奇幻的驚奇裡。直到健行的終點，等待我們的是一杯香醇的威士忌和濃郁的巧克力，也為我們的喜悅鍍上一層成就的喝采。

我們喜歡這樣的氛圍，也享受這趟冰河旅程的終點，我想這是親自走完這段湛藍之路才能體會的喜悅。

終於要開始冰上健行了

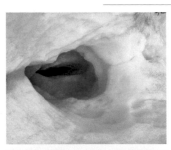

　　對於冰河上的藍，我始終有很深刻的迷戀。這是一種純淨的湛藍，一種無法複製的陶醉。突然間，望向眼前這群樂不可支的旅伴們，卻沒由來的想到將來，想到這段旅行之後，或許我們時時都能見面，也或許在下次旅行時才能長聚，無論如何，在我們心中始終都會有一段這麼美好、難得的湛藍之旅的回憶陪伴著我們⋯⋯。

Argentina

到世界的盡頭領張獎狀吧！

因為今天中午以後就要搭機前往世界的盡頭——烏蘇懷亞，我們索性就往阿根廷湖邊走去，將這個充滿鄉間悠閒氛圍的湖邊小鎮「加拉法提」好好地遊覽一番。離開了熱鬧的鎮中心，前往湖邊的路上，一棟棟儉樸的木造小屋道出了這個小鎮的真實生活。本來以為是為了討好觀光客的原木建築，原來一直是他們生活的一部份。不刻意的討好，只是單純的享受著該屬於自己的生活。耳際傳來噠噠的馬蹄聲，幾個小孩騎著馬從我們身旁喧鬧的走過，縱使嘻笑的玩耍，仍不忘天真的與我們打聲招呼。我想這不是個吸引觀光客的街頭表演秀，而是他們令人稱羨的生活步調。

幾個小孩騎著馬從我們身旁喧鬧的經過

我們走到湖邊的一個小小的生態保護區，並且付了2peso的入場費用。其實參觀生態保護區是其次，要緊的是…我們都急著上洗手間啦！這個生態保護區裡有許許多多的動植物，也劃出了旅客不能打擾的限制範圍。而這些限

制往往只是一個簡單的告示牌，卻表現出保護區主人對遊客的信任，以及長期以來的遊客與大自然間的彼此尊重。我想，相較於我們的寶島非得圍上層層的鐵絲網才能避免迫害的措施，這實在是值得學習與檢討的。不單只是人們對大自然的尊重，還有對自己的尊重。我想，旅行真的就像一堂堂修不完的生活課程，總有無邊的學問與生活哲理在等著找們。

　　循著身邊奔馳而過的小狗，目光停留在一群悠閒吃草的馬兒身上。這樣的景致，背後襯著阿根廷湖湖水與天空交織的藍，始終有種夫復何求的閒情雅致。這幾天馬不停蹄的走來，終於能緩緩呼吸身邊的空氣。我這才體會到，原來旅行有時候也需要緩慢的呼吸，才能嗅到草地上的野花所傳遞的甜美與芬芳。在旅客留言簿上寫下我們的不捨，信手翻了翻這些年來的留言。卻只在2001年時，有一篇來自四川的旅客留言。我想，在這厚厚的一本留言簿裡，中文還是很孤單的。或許之於旅行，我們還是太過於保守和含蓄。何時我們才能向下一代，傳遞世界的美好並鼓勵他們經由旅行而學習生

活的信念呢？或許就從我眼前的這一片美景開始吧！

從登機門上看著我們的背包一件件隨著輸送帶攀爬，彷彿像要餵飽這隻飛行怪獸般的往機腹裡送。這代

阿根廷湖，在旅客留言簿上寫下我們的不捨

表著我們即將再往南下，去領略世界盡頭的寒冷與孤寂。

來到烏蘇懷亞，都還來不及品味世界盡頭的驚奇，迎接我們的卻是突如其來的一場陣雨。「沒關係，如果要下，就一次下完吧！反正我們要在這裡留四天。」至少，那時候我心裡還是這麼輕鬆的想著……。

我們的背包一件件隨著輸送帶攀爬，彷彿像要餵飽這隻飛行怪獸般的往機腹裡送

縱然如此，我們還是得冒雨趕到街上的遊客中心。因為有兩件非做不可的事，第一件就是將我們手上的明信片蓋上世界盡頭的紀念章。第二件就是拿我們的護照去換「世界的盡頭」到此一遊的證書。這是一件很有趣的程序，若非那天在Tierra Bendita餐廳的台灣朋友提醒我們，我們還真的不知道可以在這個世界末端的遊客中心憑護照領獎狀呢！

我們回到旅館以後買了隔天到火地島國家公園的來回車票，就一路悠閒的晃到超市買菜去了。這對我而言是個不錯的經驗，因為以往旅行這麼多次的用餐經驗，大多都只是在當地的市集或

世界末的遊客中心，原來要我們的護照是要寫上我們的名字

小吃解決民生問題。這次旅行因為每個旅館都有廚房，所以每次回到房間前，都會看到一群旅人在廚房裡忙進忙出。撲鼻的飯菜香夾雜著喧鬧的歡笑，讓我們忍不住也要插上一腳。輪流等著的鍋碗瓢盆，東借西討的調味料，在我們七手八腳的瞎忙下，總算變出一道道還算及格的晚餐。不知道是因為餓過頭還是面子問題，自己竟然吃到有種想舔盤子衝動。我們享受著這雨夜裡的小小幸福，腦海中忽然閃過上午那些騎馬嬉戲的小孩們與方才送入口中的美味。原來這些隨手可及的喜悅與幸福，就在我們的身邊徘徊……。

狼狽的南緯54.8°

西元1520年，西班牙探險家麥哲倫首次經過這個島嶼時，看見黑暗中燃燒著神祕的火燄，於是就把這個頗富神祕色彩的島嶼取名叫火地島（Tierra Del Fuego）。雖然日後證實那些神祕的火燄，其實就是當地的原住民升火所造成的，但是這地區寒冷強勁的南極風仍會將船隻吹向崎嶇危險的岩石，所以，幾世紀以來的船隻總對她避之唯恐不及。

握在手上的車票，即將帶我們前往世界末的火地島國家公園。即使已經在冰河上走了一圈，沒見過雪景的Winny有時還是嚷嚷著：「好可惜喔！看了這麼多的冰上奇景，就是沒見過降雪，真希望能遇到下雪……。」曾經在瑞士和土耳其被降雪凍到

間歇性的降雪與陣雨

寸步難行的我們，連忙阻止Winny小姐：「別再烏鴉嘴了，到時候要是下起雪來，荒郊野外的，到哪兒去躲啊？」話還沒說完，就聽到Winny興奮的大叫：「下雪了！」這小子，真是……。

　　還好並沒有讓Winny如願太久，不過間歇性的降雪與陣雨，已經讓我們預知今天的狼狽。我們沿著3號公路的岔路走到世界最南端的郵局，也就是我們今天崎嶇之路的開端。因為降雪帶來急劇的驟冷，讓同時看到廁所和郵局的我們，一致的投給廁所一票，我也忘記向旅伴介紹這個世界最南端的郵局了。

　　我們開始沿著海岸線向山林中走去，雨後的泥濘讓原本崎嶇的山路更加難行。還好路上這些不斷變化的扶疏綠意，交映著不時出現的海景，讓這十幾公里的山路頓時變得有趣起來了。每當有人開

世界最南端的郵局

麥哲倫鵝（高山鵝）

始覺得疲憊的時候，突然出現的麥哲倫鵝（高山鵝），就會把我們從疲憊中救贖出來。或者，不斷變換的林木被草原取代的時候，總會適時的點綴上幾匹正在享受嫩草的駿馬，不會讓景致流於單調。即使因長途跋涉而鬆脫的鞋帶，都會引領我發現正在大快朵頤的野兔，不讓我們有機會在這個世界末端的國家公園裡抱怨！當我正在讚嘆這山林的景致，有多次登山經驗的旅伴Amigo，卻有獨到的見解，認為寶島台灣的山林之美絲毫不遜色於此。或許吧！一蹴可及的美景，卻還要天涯海角的追尋，人難免會有捨近求遠的盲點。等回到台灣，我一定要找機會享受這個不讓火地島專美於前的絕美。

突然的幾場大雨雖然讓我們變得更加狼狽，卻澆熄不了我們走到世界盡頭的固執。抖落身上的殘雪，望著「3號公路盡頭4公里」的路標。心想，都走到這了，再也沒人可以阻止我們前進了。看著我們像泡到水裡又抓起來外觀，卻還能不被濕冷所苦的嬉鬧，我不禁感謝發明GORE-TEX這種布料的人。這一路走來，我驚訝的發現這一趟六個多小時的徒步路程，竟然沒有在路上發現任何一點垃

Argentina

圾，甚至是一張紙屑。更重要的是，我也沒見到有任何的垃圾桶。於是我開始回想我們中午用完餐後的紙袋去向。打開背包，確認所有用過的紙袋與垃圾都在背包裡，我們這才鬆了一口氣。雖然沒能為這當前的美景做些什麼，但是我們也努力的不要為這個美麗的環境帶來負擔。我想這個國家的環保素養真是了得，竟然這麼自然的就讓人們不忍留下任何會影響她容貌的一切。到了這裡，你不得不臣服於他們所塑造的環保氛圍，跟著尊重起自然界的所有一切。

看著距離布宜諾斯艾利斯3063公里和阿拉斯加17848公里的3號公路終點的告示牌。一種如願以償的喜悅湧上心頭，終於在

走了將近七個小時的路，看到這塊終點告示牌。走向後頭的
景觀台，世界的盡頭並不如想像中的淒美浪漫，還是有山有
水……。心中不免有些失落，不過這卻讓我聯想到了人外有
人，天外有天的事典。世界之大，無窮無盡，誰敢說他真的
到了世界的盡頭了呢！站在南緯54.8°的位置，我在筆記本上
寫了「虛懷若谷」。

世界的盡頭

旅行中一直在意的事

　　我想阿根廷真的是個旅人天堂，令人迷戀的景致不說，光是旅人頭痛不已的價格問題，在阿根廷這個國度裡，竟然…竟然一致到讓我無法挑剔。

　　每次旅行最讓我頭痛的，就是當地行程、交通……等的價格是否合理的問題，所以出發前，我總是先在網路上請教有經驗的旅人種種合理的價格，再依此向當地的掮客或旅行社議價，雖然過程繁瑣，但都無往不利，總是能議到低於網路行情的好價錢。這也是我規劃旅行的當下，除了機票和住宿外，花最多時間的一項功課了。

　　在阿根廷這個國度裡，我不知道他們是怎麼做到將全國所有行程的相關價位統籌管理，但是我遇到的情況真的讓我感到訝異。從機場到市中心的計程車開始，伊瓜蘇、大冰河，就連跑到世界的盡頭烏蘇懷亞，只要是相同的行程，不管你在哪裡買，都是一樣的價格！

　　不論是機場、街上、旅館還是國家公園裡，你真的看不到像埃及那樣滿街煩死人的掮客。他們總是很單純的為你做完簡介，一副要不要隨你的樣子。如果你告訴他你要考慮，他們也只是微笑的目送你離開。不留人，也不問你要多少才願意？真是不可思議！剛開

Argentina

烏蘇懷亞的碼頭

始的時候很不相信，直到最後詢價到腿軟，我才開始相信這個不可思議。雖然這樣讓我們喪失了很多殺價的樂趣，但是彼此誠信的互動，卻讓我們行程更加的單純與愉快。

　　一早起來就發現房裡少了人，通常我一定是最早睡，但也是最早起來的那個，但是今天竟然有人和我爭排名。到了旅館大廳就看到一群乖寶寶認真的在寫功課，仔細抄下筆記本上的住址。在這一疊疊的明信片中紛紛寫下準備寄出的祝福，原來這些蓋完紀念章而還沒寄出去的明信片一直是旅伴們旅行之中的掛念。在世界的盡頭寄出的祝福，似乎聽起來特別的有魅力。我答應他們今天再怎麼忙，一定找時間帶他們到郵局把明信片寄出去。

　　我們在旅館分別買了上午比格爾海峽和下午企鵝島的船票，就往碼頭出發了。許多的行程在碼頭也有出售，不死心的我還是再問了價錢，想試著打破統一單價的事實。結果多此一舉的結論讓我們寬心不少，真是個誠實交易的好地方。

　　我們的遊艇朝比格爾海峽（Canal Beagle）出發，在第一個也就是唯一一個可以下船的小島，導遊很仔細的向我們介紹這個島上原住民的生活和特有的極地植物。這種叫Balsam Bog的極地植物為了要適應當地強大的南極風，這些生長在岩石上的植物變得非常堅硬，那種觸感就好像碰觸到石頭一樣。我如果沒有親自碰觸，絕對無法想像看似嫩綠的植物會有這樣的硬度。

　　離開這個小島後，我們前往著名的鳥島（Birds' Island），這個「著名」是我刻意加上的，因為…果不其然，馬上聽到許多人叫著：「哇～企鵝耶！」。其實這是個很容易讓人誤解的畫面，這

1 鸕鷀
（Rock Cormorants）
2 Balsam Bog的極地植物

些顏色和企鵝很像的鳥類其實是鸕鷀（Rock Cormorants），屬於水鳥的一種，因為出現在世界的盡頭和南極之間，人們總把看見企鵝的期許加在牠們身上，其實牠們只是可愛的鸕鷀。

　　當一陣陣的腥味夾雜著海風撲鼻而來，我們很難想像那是從可愛的海獅身上發出來的。剛開始的時候大家還又叫又跳的為這些憨相可掬的海獅喝采，過一會兒，當新鮮感被腥味取代，已經有人開始掩鼻竄逃了。我想這樣也好，至少不會讓人過度的干擾牠們平靜的生活，這是我首次發現「體味」原來也可以是種保護。

　　當傳說中的世界末燈塔——也格萊斯燈塔（Les Eclaireurs Light-house）開始出現時，我有一種泫然欲泣的感動。雖然我無法像電影「春光乍現」裡的張震登上燈塔，也沒有像他突然很想回家的念頭，但是我卻有夫復何求的幸福感！當周遭的朋友還在為家庭與事業忙碌的時候，我卻能到世界的盡頭去吹海風，我還有什麼不滿足的呢！

　　當所有的感動退盡，陪伴我們的就只有風浪所帶來的嘔吐感和快點著陸的祈禱。船一靠近碼頭，我們便利用前往企鵝島的空檔到郵局處理旅伴們一直在意的事，當嘴裡數著的一張張明信片滑落郵筒，我們承諾的祝福與跟隨已久的壓力也隨之釋然。

咦～
你們怎麼在這裡？

　　即使家裡呵護倍至的小狗QQ，即便每天與人群互動，當遇到陌生人的時候，仍不免吠個兩聲意思一下，就夾著尾巴躲到桌子底下察言觀色去了。更何況這些長年生長在遺世獨立的仙境裡的嬌客——麥哲倫企鵝。遇到這些慕名而來的不速之客，怎能不一哄而散，逃之夭夭呢！但其實不然，牠們……才懶得理你呢！

　　根據旅館服務人員的說法，如果你想要登陸企鵝島（Martillo Island）上，去一親企鵝芳澤，只有Piratour這家公司專賣這種行程。其他公司所賣的行程只能在船上遙望，言下之意就是所費不貲！當初聽到這個價錢的時候，Winny馬上倒退兩步，咕噥著說：「你們去吧！我下午逛街就好了！」本來我們不放心Winny，想陪她一起逛街，但是我彷彿看到傳單上的企鵝在向我招手，只好決定把Winny架去，結果那天下午最high的就是她。

　　車子沿著3號公路向碼頭出發，途中總算讓我見到世界盡頭的另一項地標。因為這幾天雖然還沒足夠的時間到烏蘇懷亞的大街閒逛，但這樹被南極風整形的畫像和紀念品卻隨處可見。原來所描繪的景象就是這些樹木，而我彷彿聽到了那些結實的老樹抱怨著：「親愛的南極風，妳到底要吹多久啊！我的頭髮都被妳吹亂了。」

我們在碼頭引頸期盼我們的汽艇快點到來，卻在航程中第一次見到幾近180°的彩虹出現在海面上。汽艇才一靠岸，我們魚貫的準備從船上離開，當時還在船艙裡的我們已經聽到外頭的驚呼聲了！我們一上岸可以說興奮的幾近瘋狂。我從來沒見過真的企鵝，更別說

近在咫尺的接觸，再加上導遊一直叮嚀我們很重要的兩件事：「不要去碰觸干擾牠們。還有，如果要接近牠們，不要用走的，因為我們的身高會給牠們帶來壓力。所以，要接近拍照可以，不過麻煩你用爬的。」這時候我見到一群興奮的旅客在地上爬來爬去，反而比企鵝有趣。

看到這些企鵝絲毫不怕人類的樣子，我的內心深受感動。這需要多少的努力與尊重，才能讓企鵝相信人們的善意與不會侵犯的承諾。阿根廷人對尊重自然界的教育真的著實令人敬佩。這時候我心裡突然揪著感慨，如果這些企鵝生長在台

1 企鵝也會開會　**2** 什麼！你也要一起照嗎？　**3** 企鵝的三種睡姿

灣的綠島，我們會如何教育我們的下一代？是尊重與呵護呢?! 還是任由我們的孩子在岸邊恣意追逐落荒而逃的企鵝呢?!

　　導遊很有耐心的引領我們在島上參觀企鵝換毛的情況與牠們可愛的小窩。不過最令我印象深刻的還是企鵝像喇叭的叫聲，真的十分有趣。導遊很仔細的向我們解說島上的兩種企鵝，一種是擁有豔麗的橘色嘴巴與美麗的白色眼影的企鵝，牠叫巴布亞企鵝（Gentoo Penguin），也因為牠們個性溫馴，所以有個紳士企鵝的外號。別看牠們外表溫文儒雅的，牠們可是世上游得最快的鳥類。尤其是在獵食或是逃命時，在水中的速度可以高達每小時40公里，目前在世界上的數量僅剩30萬對左右，是屬於受到生存威脅的野生動物。

1 巴布亞企鵝
2 麥哲倫企鵝

　　另外一種是胸前有戴著兩個黑環的麥哲倫企鵝（Magellanic Penguin），牠們是屬於有環企鵝的一種。因為牠們生長在比較溫和的氣候中，所以我們不會在南極大陸上看到牠們的蹤影。應該是屬於企鵝中比較內向怕生的一種。不過因為人類與自然彼此的尊重，牠們在企鵝島（Martillo Island）上愉快的生活著。目前牠們在世界上的數量仍有180萬對左右。

　　雖然企鵝溫馴，不過偶爾在島上還是可以見到麥哲倫企鵝與南極賊鷗（South

polar skua）吵架的有趣畫面。因為迷糊的企鵝常常會不小心踩破南極賊鷗巢裡的蛋，而名副其實的南極賊鷗卻也常常搶走企鵝嘴上的食物。這樣的冤家雖然時時鬥嘴，卻還是在這個島上相安無事的生活著，我想這就是自然界中神奇的魔力。

從小我接收有關企鵝的訊息大多與冰天雪地的極地有關，今天我在企鵝島上顛覆了冰與企鵝的絕對關連，也扎了一針環保與尊重的省思。我想旅行就是這樣，就是這樣的讓人不斷的學習與成長。

　　回到烏蘇懷亞的大街上，Amigo指著招牌上的帝王蟹撒嬌的說：「吃這個好嗎？」當然好啊！這是來到烏蘇懷亞不容錯過的超級名產帝王蟹，在這裡多元化的烹調方式，不論是清蒸、焗烤還是熬成湯，都令我們垂涎欲滴。咀嚼著口中的鮮美，我只能說何德何能，擁有如此的幸福。只是關於我揪著的感慨，對於「是否讓我們的下一代去恣意在岸邊追逐落荒而逃的企鵝」的這份感慨，希望旅伴們都能有所收穫與省思，並且感染及教育我們的最愛。

再會～烏蘇懷亞！

　　西元1906年，阿根廷將離島的政治犯和重刑犯都遷到烏蘇懷亞，也就是現在的烏蘇懷亞監獄和海事博物館。爾後，西元1950年，隨著世界掀起一陣「前進南極」的熱潮，離南極最近的烏蘇懷亞頓時熱絡起來。直到西元1997年，烏蘇懷亞機場落成後，「世界的盡頭－烏蘇懷亞」儼然一躍成為阿根廷的觀光重鎮。

　　因為時間的關係，加上我覺得去參觀世界末的監獄似乎太悲傷了，所以我決定捨棄世界末監獄，改到烏蘇懷亞的大街做臨別前的最後巡禮，以滿足旅伴們瘋狂的採購慾望，順便慰勞這幾天馬不停蹄的辛苦。烏蘇懷亞在阿根廷是屬於免稅的城市，所以有許多類似

世界末監獄專車與政治犯和重刑犯的壁畫

Argentina

大超市的雜貨店，所販售的大多為電器用品和一些中國製造的五金雜貨。其實阿根廷這個國家什麼都好，就是小吃和零食太少，逛了許久才好不容易看到賣花生米和爆米花的小販。我們在專販皮革製品的店家裡留連不捨離去，即使大肆採買，阿根廷人仍不改始終不二價的本性。我想，日後在阿根廷這個國家裡，或許真的可以省下這道殺價的手續了。

1 賣花生米和爆米花小販
2 隨處可見的街頭塗鴉

1 象徵世界盡頭的路標　　**2** 阿根廷人對艾薇塔的思念

　　即便在世界的盡頭仍不乏見到阿根廷人對艾薇塔的思念。心想：「沒關係，明天就到您府上拜訪您……。」這也是我到阿根廷後，一直牽掛的拜訪行程。漫步在烏蘇懷亞的街上，可以發現阿根廷人仍不改愛好藝術的本性，隨處可見的街頭塗鴉，都能吸引我們這些遊子的目光。我在一個耐人尋味的路標前駐足，在這個象徵世界盡頭的路標，記錄著到達世界許多大城市的距離，也提醒著我思念家鄉的方向與長度。

　　街角醒目的彩虹餐廳，或許還能嗅到家鄉的味道。那是我們兩天前拖著從火地島國家公園裡帶回來的寒冷與疲憊後，所享受過的難忘美味。熱情的廣東老闆總會不時的與我們寒喧，身處異鄉卻還能享受這令人懷念的飲食習慣與問候，是我一直身處異域的小小安慰吧！

1 計程車與計費器　**2** 烏蘇懷亞機場

七月九日大道與可口可樂的霓虹

　　前往機場的路上，計費器的數字不斷的提醒我即將離開這個令人懷念的城市。或許沒從這裡出發到南極是個遺憾，但是這段時間留在回憶裡的種種印象，已經需要我花費許多的時間去整理和回味了。

　　當見到七月九日大道上可口可樂的霓虹依然如我們離開時那般耀眼，我們才確信已告別純樸的巴塔哥尼亞高原，回到熱情浪漫的布宜諾斯艾利斯了。而明天又是星期日，將有許多的假日市集在等著我們去探奇，又有許多的驚喜可以開始期待。只是親愛的布宜諾斯艾利斯啊！明天的我又該如何的向妳告別呢？

艾薇塔的眷顧

搭乘C Line地鐵來到中央火車站，之所以決定從這裡步行到Recoleta的墓園，是因為Recoleta是屬於阿根廷的高級住宅區，所以到過了La Boca，自然會想到對應的Recoleta去逛逛。其實要說這裡是阿根廷的高級住宅區一點也不為過，門戶上的精雕細琢難掩他們的奢華風格，這是在La Boca所難以遇見的富饒。只是讓我難以理解的是，在這裡的街上卻有我在布市見到多到難以置信的狗便便，甚至還有當地的華僑告訴我們：「沒踩到狗便便，不算到過這裡！」在這裡沒看到流浪狗，卻有見到不少牽著名犬散步的「上流社會人士」，這讓我不禁好奇在環保與生態保育觀念這麼強烈的國家，也有我無法理解的街景。

中央火車站

我們在Libertad街上逛了一間非常不符合我們身分的百貨公司。因為我如果不這麼做，每隔幾步就會看到Ivy和Winny貼在櫥窗上的景象。為了讓這兩位大姐心甘情願的趕路，讓她們了解一下目前所在地的行情與價位，我想，花點時間是值得的。之後我見到兩位無奈的大小姐，筆直的向目的走去。果然鑲著金牌的價位已經吞噬了她們強烈的購

買慾望。沒過多久，我們就到了Buenos Aires Design廣場前的市集了。我在這個市集買到此行我最喜歡的漆畫，這種類似油畫又鮮明立體的質感讓我愛不釋手。

Buenos Aires Design有一點類似我們小型精品街，紅、黃相襯的歐式建築裡面有著布市著名的精品和輕鬆的露天咖啡廳，是一個頗具特色的建築。之前我曾經在旅遊手冊的內頁看過這棟美麗的建築，經過不斷的詢問，才能在這假日的午後與它相遇。不過既然到了市集，迷人的街頭藝人怎麼可能缺席呢？其中一個艷紅鍍金的機器人應該算是當天人氣最旺的街頭藝人，我想，他那親切的與現場觀眾的互動，以及鮮明的節奏感是當天當選人氣王的主因。

看到這些雕工精美的藝術品，相信若不經說明，很難想像這是一個墓園。Recoleta的墓園是我目前見過最經典的墓園了，它的每一個雕塑藝術品都像在訴說著一段段傷心的往事與不捨的過去。置身這般令人動容的環境不但不會讓人覺得寒慄，反而情願接受它的渲染，在旅途中感受難得的傷懷……。

認識艾薇塔嗎？當看到在艾薇塔長眠之處的鐫刻「別為我哭泣，我的靈魂永遠守著你……。」之後，才知道原來關於艾薇塔的傳奇，不僅只是安德魯‧洛依‧韋伯筆下的

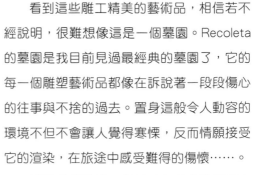

街頭藝人

Recoleta的墓園

淒美與浪漫。雖然艾薇塔在阿根廷現今仍存在兩種不同評價的聲音，但因我也不是憤世嫉俗的政治評論家，而只是個追求浪漫的旅人，所以我只願觸及關於她與斐隆之間不離不棄的片段，以及她對於無產階級的關愛。曾經有個美國記者形容艾薇塔與斐隆之間的愛，他說：「在今天的阿根廷，一切都是愛、愛、愛。愛讓斐隆和艾薇塔形影不離。愛是他們一切行動的本源。他們持續性地、瘋狂地、熱情地、甚至遍布全國地愛著。他們無所忌憚地在全國人民面前表露他們的

愛。他們是完美的戀人，愛得大方、愛得親切、愛得永遠替對方著想，沒有商量。」

　　或許你會聽到關於她以愛為手段，不斷往上攀爬的故事，但是當斐隆失去政權而遭監禁時，艾薇塔並沒有背棄愛情。即使已經是一個失勢政客的情婦，她仍不斷的為斐隆奔走，期間所受的屈辱與唾棄可想而知，卻也因此得到百姓的敬重與斐隆的重新執政。

　　曾經有個天主教詩人到艾薇塔的慈善基金會，基金會當時躺著一位幾乎被梅毒病菌噬去了半張嘴的小女孩，而詩人卻看到艾薇塔

艾薇塔的墓誌銘:「別為我哭泣,也不要離開我,我的靈魂永遠守候著你……

將要就身親吻小女孩的嘴唇,他阻止艾薇塔。可是艾薇塔卻說:「你知道我親她代表什麼意義嗎?」所以關於她的一切,我只願留下我所追尋的美好與映在我腦海中的墓誌銘:「別為我哭泣,也不要離開我,我的靈魂永遠守候著你。你的愛和傷痛我都了解,耶穌是我謙卑的摹仿,依隨我的人也請映照……。」

當我們準備離去時,恰巧天空飄起一陣小雨,是陣不會影響我們前行的細雨。或許,這樣的情緒與氛圍,才能讓我們不留餘地的向機場走去。只是,我親愛的布宜諾斯艾利斯啊!妳的天空下有艾薇塔的眷顧,而我對妳即將衍生的思念與不捨,是否也能蒙幸從妳的天空下分享到艾薇塔的撫慰?

哈囉～PERU！

　　這是一段失去相片輔助的回憶，因為疲憊與劇烈的頭痛已經讓我忘記還有拍照這檔事……。

　　離開阿根廷那晚，我們必須在祕魯的利馬機場過夜，等待隔天上午6:00左右經Cuzco到Juliaca的班機。由於曾在瑞士少女峰受過高原反應的關照，所以在從布市轉機到利馬的路上，心思一直放在到了利馬後該如何找個好位置休息。因為我清楚的知道，睡眠不足是誘發高原反應上身的原因之一。在轉機櫃檯急切的處理登機證和機場稅等瑣事，心想只有到登機門才能擁有連貫的睡眠，結果被告知凌晨三點才能進入登機門的我們，就如同被宣告「小夥子，等著領教高原反應的威力吧！」在不到兩個小時的睡眠中，壓力與環境的吵雜更是讓我在這次旅行中，體會到第二次的徹夜輾轉難眠。

　　飛機降落在Juliaca機場，與旅館約好的接送已經等著幫我們成堆的行李堆上車了。因為今天剩下的時間，必須和當地旅行社談好隔天的的喀喀湖和後天前往Cuzco的巴士行程，所以我心底默禱著希望能在高原反應找上我們之前，完成這些行程的議價，這樣今天就可以好好的休息了，畢竟這是一場和高原反應比快的決定，因此我才會決定請旅館幫我們派車。

　　從Juliaca到Puno大約需要1個多小時的時間，旅伴們因為從未經歷過高原反應，所以一路上還開心的彼此揶揄。說著不知道誰會變成這次旅行的笑柄！只有我，在這前往Puno的路上懷著坐以待斃的心情……。我想，照昨晚的睡眠情況看來，今天我們六個人誰也別想全身而退吧！

　　到了旅館已經是中午的時間了，丟了背包，我想先去拜訪網友們推薦的中國餐廳。當走在前頭問路的我聽到Ivy的呼喚，回過頭時，已經是Winny蹲坐在地上的景象了。Winny

Winny蹲坐在地上的景象

網友們推薦的中國餐廳

的不適起了連鎖反應，我也開始感受到些微的噁心和急促的呼吸。這一切的不適都還在我們可以忍受的範圍，只是Winny逐漸惡化的情況已經讓我擔心起她了，因為高原反應通常在第一天的夜裡最令人難熬。縱使我們牛步般的前進，Winny仍不時難過到無法前行。

好不容易找到了傳說中的中國餐廳，果然老闆很熱情的招待我們。他看到了Winny的不適，還請了服務人員到藥房買了些抗氧藥給我們。那時候的我們已經沒有力氣再討論吃什麼了，我們直接請老闆幫我們隨便炒幾盤菜再弄個湯就好了，我想溝通便利就是我們在外地享受中國餐廳的好處。眼看著平常就酷愛的蕃茄炒蛋、白菜、豆腐湯、炒飯、炒麵……一盤盤的端上桌，但這些愛不釋手的美味，卻在高山症的蔓延下，變得索然無味了。

心裡泛著滴咕要是情況好轉，我一定要再來吃一次，不過下次記得要請老闆鹽放少一點。結帳時我們才開始感覺到了祕魯，因為出人意料的便宜讓我們反覆問了幾次，只是頭昏腦漲的我們已經懶得去釐清，到底是老闆給了優惠的折扣，還是這裡的價位就是如此？

即使我們已經盡量放慢腳步，但噁心、呼吸急促再加上已經開始的頭痛欲裂，仍然讓我比價到第二間旅行社時，就想折返旅館

了。還好遇到SURI EXPLORER旅行
社這個靦腆的祕魯女孩，開出的價錢
都十分合理。我們以每人17sola的價
錢買了的的喀喀湖的行程，並同樣以
每人17sola的價錢買了當天下午的古
墓行程，以及後天每人US$25（含中

古柯鹼葉和熱茶

午的自助午餐）前往Cuzco的Inca Express Tour Bus，對我而言這
是個十分合理的價格。出乎意料的是，這個靦腆安靜的女孩，在每
天我們要出發之前都會到旅館前來確認我們是否已經上車。雖然只
是簡單的打個招呼，卻讓我們感到溫馨不少。

　　當我們狼狽的走回旅館，老闆娘很快的為我們準備古柯鹼葉
和熱茶，我想，如我們這樣受高原反應關照的旅人，老闆娘應該

SURI EXPLORER旅行社

司空見慣了吧！喝完古柯鹼
茶的我們，就這樣躺在旅館
裡享受初到祕魯的見面禮—
「讓人頭痛欲裂的高原反
應！」一直到深夜，然後黎
明……。

沉默的力量

陽光從昨晚被拉上的窗簾縫隙透了進來，緩緩的灑在我的臉上。然而喚醒我的卻是開始的隱約不適，到逐漸清晰的頭痛欲裂。無力的將這些混沌的感覺拼湊起來，終於想起昨天飛機驟降在海拔3800公尺的Puno後，陸續發生的高原反應與後續的昏眩。

從昨天下午回旅館後就持續的昏昏沉沉。因為窗簾一直是拉上的，所以到了晚上七點我還挨著頭痛把旅伴喚醒，要他們及早準備，八點小巴就會到門口接我們了。睡眼惺忪的旅伴按著仍隱隱作痛的額頭，循著窗台，緩緩的拉開窗簾，望著窗外熙熙攘攘的夜市與街景，狐疑的問我：「我們上午訂的是夜遊的的喀喀湖的行程嗎？」就這樣，我們在混亂的暈眩中，度過了第一個在安地斯山脈的夜晚。

在豐盛的早餐面前，我唯一喝得下的就只有古柯鹼茶。看著已經適應高原反應的幾個旅伴，正愉快的討論這桌上許多口味的餐點與花茶，我只想趕快加入適應的行列裡。抬頭看見窗外昨天那位靦腆的祕魯女孩，已經在街上等著招呼我們上巴士了。

隨著遊艇在湖上泛起的柔和水波，思緒被牽引到這一篇篇關於的的喀喀湖上的傳說。西元七世紀以後，在的的喀喀湖的沿岸，

Peru

由艾瑪拉語系的蒂亞瓦納
科人所建立的蒂亞瓦納科
城，一直是當時文明的中
心。雖然在十一世紀， 蒂
亞瓦納科帝國神祕的崩解，但是其所屬艾瑪拉語系的考雅族仍活躍
於的的喀喀湖附近。到了十五世紀，印加帝國的勢力由庫斯科延
伸到了的的喀喀湖。原本居住在普諾陸地上的烏魯斯人，為了躲避
好戰的考雅族與印加帝國的掠奪，只好避居的的喀喀湖上。而幾世
紀以來，這些沉默的烏魯斯人利用湖上盛產的蘆葦草建造草船與浮
島，過著與世無爭、自給自足的生活。一直到這幾年來，大批的觀
光客湧入，也逐漸改變他們原始儉樸的生活。

　　踏在彷彿軟墊的浮島上，心裡總是有些不太踏實的輕浮。導遊招呼我們圍坐在畫著的的喀喀湖的地圖邊，似乎也看出我們對於這一切的好奇。為了抓住我們不斷流轉的目光，導遊提出了一個祕魯人定義的的喀喀湖在祕魯與波利維亞所擁有領域的有趣說法：「關於的的喀喀湖在印加語言中所代表的涵義，『的的』就是美洲豹的意思，而『喀喀』的意思就是所謂的石頭，所以祕魯所擁有的的喀喀湖就是美洲豹部份，而波利維亞就是屬於石頭的那部份。」這個說法，對於出發前飽受波利維亞簽證折磨的我，倒是十分認同。

　　接過了遞來的蘆葦根部，雖然認真的咀嚼，仍感受不出導遊所形容的甜美，不過相信烏魯斯人在苦盡甘來的自在下，自然會領悟

它的甘美。因為留連他們的手工織畫與生活的細節，我們並沒有選擇和其他人一同搭美洲豹造型的草船前往另一個浮島。這讓我們有更多的時間在他們屋裡鑽來鑽去，或者和這些天真的孩子跑來跑去。而我也有更多的閒緻，到高塔上瞭望這原本掩沒在煙波漫草中的傳奇故事。看著那些拿著旅伴所給予的糖果，而蹦蹦跳跳的烏魯斯孩子，一邊回想因為躲避強勢的掠奪而選擇沉默避居湖中的祖先

接過了遞來的蘆葦根部

迷人的手工織畫

們，似乎隱約也可以感受到沉默的力量。這股力量讓烏魯斯人的命脈在這湖裡靜靜的延續著，而強取豪奪的印加帝國縱使擁有五萬名驍勇好戰的勇士，也不敵西班牙兩百人的船堅砲利。而另一個好戰的掠奪者考雅人呢？賣個關子，下一篇你將可以看到他們僅有的印記⋯⋯。

葬禮塔的智慧

即使是好戰的考雅人，仍抵擋不了印加帝國的強勢吞併！而從歷史消失的考雅人，卻在Sillustani留下一座座供人印證這段歷史的葬禮塔。

從的的喀喀湖回到鎮上，我們仍舊無法忘懷那家中國餐館的熱情與美味！身為一個旅人，我十分的認同要品味每個國度不同的風味，不論是佳餚美饌，亦或是難以下嚥，都是不容錯過的旅行經典。不過對於家鄉的美味，卻是我不得不溫習的溫馨。循著Moquegua街，尋找176號的美味。兩位老闆仍然投以暖暖的微笑，這次我們還記得請他們為我們準備一碗「不加鹽」的湯麵。果不其然，「不加鹽」的湯麵還是有一點鹹，或許下次要請他們加糖吧！不過這已經算是我們在祕魯最經濟實惠的懷念與美味了。

中國餐館的熱情與美味

鳥瞰PUNO

　　聽說Sillustani山上的風會刺骨，回到旅館加點衣服。在旅館門口向久候的那位女孩打個招呼，心裡有一種藏不住的溫暖。說好每趟行程巴士都會在約定的時間來到旅館，也說好她不用到旅館招呼我們的，但是她總是靜靜的站在旅館門口確定我們已經上車了。記得店裡只有她一個人的，這麼做是得暫時放下可能上門的生意！我感動的想給些小費，都被她微笑的婉拒了。這時候我心底有些許的難過，後悔當初為什麼要把價錢壓的這麼低。遇到這麼單純善良的女孩，我不該這麼堅持我的預算的。希望她明天不用再來招呼我們了，或者來了也要接受我們小小的酬謝！

　　冷風像一把利刃在我的臉上劃下一道道冷峻的寒意，已經拉得不能再高的衣領，還是無法抵禦這來自高原的凜冽。望著山頂上遺

世獨立的葬禮塔，彷彿又是一場高原反應的試煉。本來已經平息的頭疼，在寒風的誘發下又隱隱作痛，不過，在逐漸清晰的百年孤寂之前，我已經忘記了該有的不適了。

這些考雅人的葬禮塔因為年代的差異也有不同的堆砌方式，而唯一不變的是考雅人對祖靈的崇敬。在這一座座為部落的貴族與首領所建的葬禮塔，雖然因為西班牙人深信陪葬品中必然會有豐厚的黃金，所以都遭受一定程度的破壞，但是在我眼中，

葬禮塔因為年代的差異也有不同的堆砌方式

Peru

1 考雅人的葬禮塔　　2 葬禮塔的堆砌工法

彷彿看到這驍勇善戰的考雅人勇士們意氣風發的孤傲，在這迎風的山巔，守候著足以見證這段驕傲的葬禮塔。

　　望著眼前這12公尺高的葬禮塔，因為歷史的洗滌，剝落出彷彿子宮的內部結構，也得以讓我們一窺這曾經擁有共葬習俗的考雅文化，甚至有些葬禮塔裡還同時安葬了6～7名的貴族。

　　原本我對沒有起重設備的六百多年前，考雅人是用什麼樣的智慧去堆砌這些高聳的巨石而感到疑惑，卻在眼前這座未完成的葬禮塔找到答案。原來他們是利用在高塔旁堆起的坡道，將巨石一塊塊的順著坡道往上堆砌，再依石塔的高度延伸坡道，好讓這些巨石能夠再順著坡道堆砌到預期的高度，最後再清除這些高塔旁的坡道，就成了眼前這些遺世獨立的驕傲了。這樣的工法讓我想起埃及金字

塔的建築奇蹟也曾有這樣的假設，卻沒想到在遙遠的安地斯山脈，竟然印證這個假設的可行性。這也讓我越來越深信讀萬卷書也需要行萬里路來印證。

　　刺骨的寒風把旅人魚貫的驅趕下山，等在山腰的印加婦人看見遊興未盡的旅人們，趕緊牽著羊駝期待著今天的最後一筆小費收入，我們倒也欣然的付出我們的善意。在這美麗的午後，我像是走進了一條時光隧道，烏魯斯人以退為進的智慧，讓他們在所有文化都滅亡後，還能保有他們原始的一切。考雅人為部族首領砌塔的智慧，讓他們即使掩沒在殘酷兵戎下，依然保留他們的驕傲，印證他們曾經存在的事實。而我呢？又該用什麼樣的方式去記述我不該虛度的流金歲月？回頭看看已經磨破了的背包，釋然的莞爾，還好！還好！

牽著羊駝的印加婦人

賴以維生的邀請

　　你曾經邀請朋友到家裡作客嗎？在這裡，「邀請」也可以是一種謀得溫飽的生活方式……。從葬禮塔返回Puno的路上，透過車窗，我總是見到這個村落的人們，站在自家門前，向著往來的遊覽車招手。起初我還不以為意，直到導遊問起我們願不願意到當地的房舍裡去參觀印加人的生活方式。「其實你們不用擔心，雖然這不在行程裡，我也不另外收費，只要你們離開時給這家人一些小費就可以了。」導遊看出了大夥的疑慮，趕快補上這一句。幾個美國籍

的遊客興奮的直點頭，導遊也就順勢吩咐司機在其中一戶人家門前停了下來。那家人愉快的和我們這些充滿好奇的旅人親切的問候後，便引領我們魚貫的進入家門。

　　幾個小孩靦腆的躲在門後偷看這群好奇的不速之客，也看著她的父親殷切的為這群遠道而來的陌生人示範他們長久以來的作息。從耕作、編織、研磨到飼養他們的美食——天竺鼠，甚至連小弟弟的浴缸也吸引著一群人的好

奇圍觀。然後看著母親一會兒向這些
往來的旅人兜售這幾天趕織的毛帽與
手套，又一會兒還得拉著羊駝微笑著
和旅人合照。在這群小孩的眼中，或
許是一種新的生活型態，日後不用再
早起耕種，不用再放牧羊駝，等他們
長大一點，只要再穿著傳統的服飾和
父親一樣每天上演一齣生活劇碼，就
足以維生了！只是一些細微的生活智
慧與傳承呢？或許也就在這新興的生

活型態中遺失了。離去之前，我和其他的旅人一樣在陶土捏製的小
碗裡輕輕的放下 5sola 表達對他們熱情款待的謝意，但我仍無法客
觀的去感受這樣的得失與影響，畢竟當生活只為了一齣齣日常作息
的表演，而家園成了別人每日參訪的印象。回想剛才在他們房裡東

翻西瞧的那幾個美國人與不斷解釋說明的女主人，我想我還無法寬容到讓人來打擾我的隱私與生活。這是我們無法改變的變遷，回想蘆葦島上的烏魯斯人與這些印加人，因為我們這些

小弟的浴缸

不速之客的不斷湧入，而逐漸改變他們賴以維生的生活方式，或許已不用再像過去般刻苦的生活便得以溫飽舒適，但在這同時或許還有些潛在的失去吧？

　　回到Puno的旅館，在經過那幅羊駝毛毯的震撼後，夜色已經灑落在繁忙的街上，像是從寧靜山城，換上另一幕繁華的夜景。這是在告別Puno的最後一次夜遊，這次逐漸消退的高原反應不再煩我。陪伴我的是旅伴此起彼落的興奮與驚喜，琳瑯滿目的美洲羊駝的織

瘋狂的夜市採購

品，不論是圍巾還是手套，都是旅伴們不能錯過的採購品。

旅伴們一邊細數今夜輝煌的戰果，一邊為明天將告別Puno作準備。滿載而歸的我們就這麼充實滿足的準備離開了，而山腰上的那戶人家，也在為明天將要到訪的旅人準備反覆上演的戲碼，而柴油引擎的小艇也為明天再度前往蘆葦島而準備……。只是讓我無法成眠的是，我們這群不速之客對這片土地的文化與自然所帶來潛移默化的影響，有時候卻會讓我懷疑出走的正確性……。

移動中的美麗

背著背包走出旅館，果然那個靦腆的的女孩還是靜靜的守在門外，等著送我們到車站。這幾天來她總是沉默的招呼著我們，帶著生澀的微笑與簡單的問候。我觀察過其他的旅人，似乎買了票後就不再有人招呼他們了。其實本來就不需要的，每個行程都有固定的司機與導遊在確認每個旅館的客人是不是搭上車了，但是她始終沉默的堅持招呼著我們出發。離開Puno之前我們將感謝換成小費，希望傳達我們對於她的貼心所受到的感動，而她依然靦腆的笑著說：「我們是朋友，所以不用了。」這句來自異鄉的溫馨一直溫暖著我的旅程。

Pukara博物館

一般往來Puno與Cusco之間有兩種選擇，可以選擇搭乘火車或是觀光巴士。不過既然可以選擇，我當然希望不是只有在火車上看著流動的美麗，我更希望能親手撫摸這份感動，於是我選擇了中途可以停靠四個景點的觀光巴士。我在兩個城市間的移動

旅程中的至高點La Raya（4335公尺）

之中，造訪了Pukara博物館、旅程中的至高點La Raya（4335公尺）、Raqchi的Wiracocha神殿以及位於Andahuaylillas有美州西斯廷教堂（Sixtine Chapel of America）之稱的聖彼得人教堂。在我記憶

中，雖然這些相遇並非帶著深刻或是鮮明的美麗，但是如果這是一段長途的旅程，這已經是我旅行中見過最美的休息站了。

　　車窗外的景致，彷彿電影般流動著。從迷霧中的山巒到翠綠暈染的草原，然後是稀疏的房舍到最後的繁華城鎮。車子緩緩的在Cusco火車站前的樹下停妥。透過窗外，我清楚的看到自己的名字被拼錯在一

張Ａ4大小的紙板上，
而拿著紙板的是一個年
紀大約四十出頭，個子
瘦小的中年人。帶著一
路上蜿蜒的暈眩以及沉甸甸的背包，走向那個東張西望的中年人，
疲倦的指著那個拼錯的名字，然後再指向自己，接著我便看到一個
笑容可掬的中年人迅速積極的在為我們行李上車，然後笑著招呼著
我們趕快上車。

　　在武器廣場旁的小徑裡，這個中年男子領著我們到他經營的旅

中午的自助餐

Peru

館Sumac Wasi，一間我在網路上經過多方比較後所預定的旅館。安置好行李後，我到櫃檯去結清這兩天的住宿費用，因為將網路上預定的信件收在背包的底層，所以懶得再去翻出來，就信口問了那個始終笑容可掬中年人我們的費用多少？他翻了翻眼前的資料很清楚的告訴我：「六人房一晚70美金。」我狐疑的望著他再問一次，他還是很篤定的告訴我當初信件往來說的是70美金。直到我很不甘心的把背包底層的那封Mail翻出來，攤在他眼前指著被我大大圈起來的60美金，他才很不好意思的說著抱歉，這是我對他的第一印象。當結完帳後，他又露出和藹與無辜的笑容，問我們要不要參加馬丘皮丘（Machu Picchu）的行程？因為剛才的印象，讓我對他的誠信存疑，所以我只是信口問了問價錢，他依舊笑著回我每個人140美

美州西斯廷教堂（Sixtine Chapel of America）
之稱的聖彼得大教堂及前面的小販

金。我搖搖手心想：「這個傢
伙，真是死性不改……。」

　　出發之前，我在網路上參
考網友的經驗，馬丘皮丘的
行程，一般每個人要價126美
金左右，所以我才會很斷然的
認定那個旅館的老闆在坑人。
考量到第三天一早就必須離開
Cusco，因此我希望明天就能
前往馬丘皮丘，後天才有充裕
的時間瀏覽這個世界的中心。

只是這一詢問下來發現了兩件麻煩事：經過幾家旅行社的確認，在
幾個月前馬丘皮丘的門票已經漲價了，光是門票、火車票再加上小
巴的費用就將近126美金了，更何況還有導遊以及旅行社的利潤，
這個理想預算應該很難達到了，所以我詢問下來的價錢幾乎落在
135～160美金。但是即使我願意妥協這些價錢，前往馬丘皮丘的
火車票一般也販售至下午五點半而已，看來我們想順利在明天前往
馬丘皮丘似乎是不可能了。

　　拖著一臉倦容回到旅館，心理一直盤算著這突然的變化要怎樣
去調整才不會讓行程變得緊湊與不安。進入旅館的時候恰巧又與那
位始終帶著微笑的老闆打了照面，他還是不肯放棄的問我們要不要

購買馬丘皮丘的行程。心想，反正已經絕望了，隨便說個他不可能同意的價錢打發他吧！於是我告訴他：「我的預算是一個人130美金，而且明天就要出發。」見他喜出望外的奔回櫃檯撥了幾個電話後，豪爽的答應了。這時候我對於明天終於可以去馬丘皮丘感到欣喜之餘，內心還是浮上了一些不安的陰影。然後他向我們要求借護照三十分鐘，說是要買火車票用的，這犯了我旅行上的一個大忌──「若是要借用護照，我本人一定要在現場」，不然這三十分鐘，護照可以被用來做很多事。

　　因此，我很堅決的告訴他，如要拿護照辦手續，那我本人跟你一起去，我無法同意護照離開我的身邊，結果那位老闆竟然說：「不然不用了！」那時候我開始懷疑這其中或許會有問題，於是我要求老闆拿出紙來把我們協議的內容一一條列出來，例如：旅館到火車站的接送、Cusco到Machu Picchu的火車、Machu Picchu的上山巴士與Machu Picchu的門票與導遊。即使雙方簽了字，但是旅伴們對這一切除了有所期待外，還是有一些保留。

沒關係，你再騙我啊！

　　清晨五點鐘已經被旅伴們的盥洗聲給吵醒，看來他們對於今天的行程有著雀躍不已的期待。一直到出發前的三十分鐘，老闆才滿臉歉意的跑來說因為旅行社出了一點狀況，所以到馬丘皮丘的火車部份，前半段我們必須搭巴士上山，後半段再繼續搭火車。也就是說原來三個小時的火車行程現在只剩一個半小時加上巴士。當時我一直認為搭火車上山這段路程會很精采，所以我們氣得和老闆大吵，甚至堅持不出發，要求老闆退錢給我們。因為我相信原來老闆就知道前半段沒票，只是他故意不說，就是想做這筆生意而已。一直到老闆很誠心的向我們道歉，表示他的確事先知情，不應該欺騙我們，但他無法理解的是，目的一樣都是馬丘皮丘，為什麼我們就是堅持非得要搭全程的火車呢？我很生氣的回答他說：「或許你覺得這段鐵路沒什麼，是因為錯過了，你隨時可以來坐，但是這段路的景色也許我們一生只能來一次，說什麼也不願意錯過……。」看著氣急敗壞而雙眼又泛著淚光的中年人，幾近哭訴的指著這些打印上我們名字的火車票說：「這些票是沒辦法退的，以他目前的情況是賠不起這些票的。」我實在不忍心再逼迫他了，於是我請他先出去，讓我和旅伴們好好商量。我把我的想法告訴旅伴，因為我認為

畢竟這是在別人的地盤上，要是把他逼急了也不見得會有多大的好處。即使我們最後請了觀光警察來處理，所耗去的時間與結論未必也能讓我們滿意。最後我們與老闆談妥了增加每人在馬丘皮丘上一客35sola以上的午餐與後天的機場送機後，我們便同意出發。看著老闆如釋重負的送我們前往車站，旅伴還不忘叮嚀他下次不要再欺騙人了喔！看著他連聲說：「是…是…」的模樣，我想你現在要求他什麼，他都沒意見了。

馬丘皮丘山腳下的巴士

　　巴士循著蜿蜒的山路上山，這裡的山嵐美得詩意，彷彿為這一座座的蔥鬱都披上了柔和的白色絲巾。巴士在Ollantaytambo就必須接駁火車了。

在這裡，我們和成群的登山客交會，我想，這些旅人和登山客應該都是前一晚在山腳下的溫泉鎮住宿的旅人吧。循著叫賣聲望去，我驚訝的發現這裡的玉米真的很奇特，剝下來的玉米粒足足有一元硬幣這麼大，真的非常有趣。在行駛的車廂裡，旅伴學著網友把兩顆玉米放在門牙上，玩起扮天竺鼠的遊戲。而我望著窗外湍急的河水，腦海中浮現的是三毛在「千山萬水走遍」中描述馬丘皮丘之旅的驚悚與雨夜危急的場景。想著想著…也或許是早起，或者清晨的一場爭執讓我身心俱疲。當旅伴搖醒我時，我已經到了馬丘皮丘的山腳下了。不過，當我們下了火車以後，其中一位旅伴一直笑個不停，我們好奇的問她為什麼笑得如此誇張？她說：「誇張的是你們吧！說什麼搭火車是一生只能來一次的美景，怎樣都不會錯過的！才上火車不到十分鐘，每個人都睡得像豬一樣，要是被旅館老闆知道了，不氣死才怪！」

站在守望者之屋的前方，
望向天空之城的瀰漫

站在守望者之屋的前方，望向天空之城的瀰漫。這是在我腦海中輪轉千迴的場景。在無數的情境下見過這樣的景象，或雜誌、或螢幕、或是虛無飄渺的夢境裡。我可以想見當年海勒‧賓根

馬丘皮丘之門

（Hiram bingham）站在這守望者之屋前，何以會以為自己已經找到了「失落的印加之城」。一陣清風帶著安地斯山脈的氣息吹拂過我的臉龐，遙想當年切‧格瓦拉（Che Guevara）與三毛是不是也和我一樣對眼前這幅雄踞山巔

的美景所震懾與驚豔。不管時空的背景如何替換，馬丘皮丘所帶給人們的震撼與嚮往，相信會像眼前這陣拂面的清風一樣的永恆。

馬丘皮丘在印加語中是指「古老的山巔」。而現在的人們卻有著比較浪漫的稱謂，不管是「天空之城」還是「飛來之城」，都讓這個印加古城更添神化色彩。其實這座古城主要是為了祭祀活動而建的「祭典之城」，她與一般印加人民居住的城市不同。這座古城中有許多觀測日月星辰的運行石刻，是印加時期宗教信仰與天文觀測的中心。沿著堆

砌縝密的巨石往上，這些巨石相砌的縫隙空間窄到連紙片都無法深入，印加人精湛的建築技術不禁令人折服。而這座印加古城中最不容錯過的就是印加人信仰的靈魂，也就是世界的中心點——「栓日石」。經過栓日石的旅人都不免想要親手撫摸這印加人口中宇宙能量聚集的中心。而我卻比較傾心於它在神話的角度中所扮演的意義。因為印加人崇拜太陽，認為自己是太陽神與月神的後代，所以他們總希望能拉近與他們祖先的距離，於是「古老的山巔」這座祭祀之城就這樣孕育而生了。而每當太陽西下的時候，印加人總害怕太陽從此跌落深淵，再也爬不上來，於是便希望將太陽拴在這塊巨石上，以祈禱他們祖先都能永恆的眷顧印加子民。

1 三窗廟　**2** 栓日石　**3** 馬丘皮丘的排水系統

坐在鐵道旁的餐廳，享受著清晨爭執過後的獎賞。這時候來到馬丘皮丘的第一段路是不是搭乘火車，已經不是那麼重要了。於是我逐漸相信，上帝要關上一扇門之前，一定會先開好另一扇窗。而每件事情的發生一定有它

的寓意與意義。這時候我下了一個決定，當後天那個老闆送我們到機場的時候，不管我們之前免費送機的協議，還是付他車資與小費感謝他吧！

坐在鐵道旁的餐廳，享受著清晨爭執過後的獎賞

Peru

　　車子順著蜿蜒的山路往下行駛，窗外的細雨模糊了我的視線。朦朧間我彷彿看見眼前山城裡的燈火，化作夜裡的一大片星海，映著玻璃窗上透著光亮的水珠，在抵達 Cusco 的夜裡，交織出一片令人心醉的迷濛美景與充滿期待的明天。

山城裡的燈火，所化作夜裡的一大片星海

在世界的肚臍開始的千里追尋

你曾經只為了驚鴻一瞥的驚豔,而瘋狂的千里追尋嗎?這些日子以來,這幅編織毯的印象一直在我的腦海中縈繞,也是我旅程中最深刻的牽掛。

在Puno我們住的貓頭鷹旅館(Hotel El Buho)大廳的沙發上頭,就掛著這樣的一幅畫。每次出入旅館總是被高原反應折騰得步履闌珊的我,從來無暇去欣賞這些依附在牆上的美麗與豪氣。直到那天從葬禮塔回來,為了舒緩高原反應的不適,向櫃檯要了一些古柯鹼葉,回首驚見這令人屏息的美麗,於

美洲羊駝的羊毛所編織的印加王畫毯

是,周圍的空氣就這樣瞬間凝結了起來。自己也忘了維持這樣的靜止多久,直到旅伴的輕喚,才讓我回過神來。這是一幅用美洲羊駝的羊毛所編織的畫毯,很難想像印加王的神韻與豪氣竟能藉由這幅畫毯表現得如此栩栩如生。要用顏料畫出這樣的驕傲與神氣已經不容易了,更何況要用羊駝的羊毛去編織這150公分高、90公分寬的編織毯。經過旅館人員的同意,親手撫摸這難得的美麗,我的思緒

已經全然被這幅編織毯的神話魅力所佔滿。向櫃檯的小姐詢問這幅畫毯取得的訊息。櫃檯小姐露出抱歉的微笑，遺憾的表示當她初來旅館工作時，這幅畫毯就已經存在了，不過她仍熱心的找來當年去買來這幅畫的先生：「應該是在Cusco的火車站附近吧？！」於是無法抑制的固執，就已經開始醞釀這個不能止息的追尋了。

一直到從馬丘皮丘回來後，我才覺得真的到了Cusco了。這兩天的匆促吞噬了我所期待的悠閒與追尋。其實在昨天夜裡，我就輾轉反側的盤算著，要如何權衡追尋我的渴望與安排記錄這個印加人心中所謂「世界之臍」（Navel of the Earth）的印象。即使在夢裡，我依然夢到我手上抓著那幅編織毯在和旅館老板議價。

坐在武器廣場（Plaza of Armas）的石階上，看著天真的孩子追逐著噴水池邊的鴿群。我想，這個廣場的名字在幾經風雨後，還是該歸還給太陽神的子民吧！其實這廣場在印加帝國時期被稱作歡樂廣場（Huancaypata），也是宗教祭典的中心。一直到西班牙殖民地時期才有武器廣場這麼嚴肅的稱謂。十六世紀時的一場殺戮，改變了印加人心中「世界

我在庫斯科落腳的旅館Sumac Wasi

之臍」的印象。西班牙人以強大的武力摧毀了Cusco的印加帝國與神殿。並且在黃金庭院（Golden Courtyard）中搜刮了太陽神廟裡的所有黃金飾品。然而印加人精神與文化，就宛如聖多明哥修道院下的印加基石，是西班牙人永遠無法泯滅的神話。

沿著特若夫（Triunfo）街往上走，聽說這條街上有許多精美的羊駝編織毯，而這條街也是Cusco最有名的巨石街。親手撫摸這印加建築技術的驕傲，思緒也彷彿回到十五世紀的印加榮景。

特若夫（Triunfo）街，也是
Cusco最有名的巨石街

太陽神廟、月亮神廟、彩虹神廟、星神
廟、虔誠的太陽神子民、神祕的印加神
話，一下子就在我印象中鮮活起來。沿
路而上湛藍的天空襯著刷白的牆面，座

落在豪氣的巨石上與山腳下的紅瓦，交織成一片沉穩的美景。穿梭
在一間又一間的編織毯店家，不厭其煩的向店員詢問數位相機裡的
那幅印加王編織毯。好心的店員總是在讓我們絕望後，又給我們一
個可能的希望。巨石街的盡頭是頗富盛名的聖波拉斯教堂（Church
of San Blas），教堂裡有一座堪稱美洲最美的木雕聖像，而我卻無
心參訪這難得的美麗。心中只是不停的計算著，在今天結束之前，
我還有多少時間可以尋找我一直惦記的牽掛？

武器廣場，突然而來的冰雹

　　回到武器廣場，突然而來的冰雹把我們趕進一家尚未營業的漢堡店裡。正在用餐的老闆一家人，被一群打著哆嗦的不速之客所打擾。好心的老板娘不忍在這樣的天氣拒絕我們，於是本來悠閒的家

祕魯特有的印加可樂與當地獨特的牛肉漢堡夾薯條

庭聚餐，因為我們的到來又忙碌起來了。看著旅伴們滿足的喝著祕魯特有的印加可樂，津津有味的吃著當地獨特的牛肉漢堡夾薯條，我還是不能習慣這一次入口的美味，於是便把薯條從漢堡裡挑了出來，用隨身攜帶的不鏽鋼筷子夾著吃。想不到這麼一來，卻引起了他們一家人的圍觀。我想，他們對於我能夠運用自如的操作兩根鐵棒來進食，還是充滿著好奇與佩服。我將這雙筷子送給了聚精會神的老板娘，並且教她如何使用這個中國人的智慧，換來

我將這雙筷子送給了聚精會神
的老板娘

的又是一個南美熱情的禮儀之吻，於
是旅伴突發奇想的問我：「還有沒有
筷子啊？我想送給她女兒⋯⋯。」

　　從武器廣場的市集，一直問到火車站前的市集，這一路下來的
尋找，苦了旅伴，也險些亂了後來的旅行計畫，彷彿這一趟長遠的
旅程只為了追尋這一張畫毯，而這次的南美之旅只為了與它相遇。
想起離開Puno後，旅伴看出我的渴望，都無怨的和我在Cusco像發
了狂般的瘋狂尋找。然而，在歷經無數的詢問與路人的牽引，還是
無法一瞥我殷切的期望，一直到夜幕低垂，仍未見到我魂牽夢縈的
畫毯。我擔心到了下一個城市，又會開始馬不停蹄的追尋，忘了體

火車站前的市集

會這個城市的美好。不忍旅伴這般的陪
我瘋狂,勸他們歇腳,而且我也已經收
心,釋然的接受每一次的邂逅都是需要
緣分與好運。縱使如此,他們仍不輕易
言棄,我的心裡滿是抱歉與感動,卻不
知道該如何終止這場無盡的追尋。

　　佇立在夜裡的巨石街與武器廣場,
金黃色的街燈將眼前的一切鍍上一層曾
經擁有的光芒與榮耀,彷彿這個輝煌的
古城,曾被西班牙掠奪的閃耀,剎那間
都回歸到這片印加人心中的「大地之
臍」。我被眼前的一切感動著,也為即
將遠去的神話矛盾著驕傲與遺憾。

親愛的利馬！讓我為你平反～

　　我想應該是為了省錢，這個可愛的老闆決定開著自己的車子送我們去機場。看到我們的行李幾乎塞爆了他那台可憐的紅色小車，只好無奈的再叫了一台計程車。這兩天來他為了要做成這筆生意所努力的一切，或許有許多負面的表現，但畢竟是為了餬口，我心中還是有一些不捨。況且他也已經得到教訓了，而我們也嘗到甜頭了。於是在離開Cusco之前，我估算了一下這兩輛計程車的車費，再加上一些小費與我們的告別，放在他的手心裡。看著他眼中流轉的淚光與充滿歉意的表情，我們還是在他一句句的抱歉與感謝中，揮別了這令人啼笑皆非的爭執與印加人驕傲的「大地之臍」。

　　若不是非要從這裡搭機，實在很難說服自己或是旅伴，利馬是一個「非去不可」的城市。因為不論是在網路上或是書籍裡，這個城市往往帶有負面的評價。在背包客口中甚至還有「滿城都是賊」的惡名，似乎是個旅人避之唯恐不及的城市。許多人用灰色來形容利馬這個城市，不論天空上那層濃得化不開的霧，還是陸地上擠得水泄不通的壅塞，或是小心謹慎也難杜絕的竊賊，都讓這個城市背負著一抹黯淡的色彩。

　　因為這些顧慮，我們決定在Miraflores區落腳，這是利馬比較新

利馬的灰

興的區域。因為這些日子以來都在安地斯山脈的的古樸與印加文明的神話中遊走，對於這突如其來的高樓大廈與壅塞的車流，反而產生一種不知所措的混亂感受。我們在 Hostal El Patio放好行李後，便急著與Ema連絡，這是一個二十多天來，我們一直堅持的承諾。想起出發前，我在網路上尋找祕魯資料的過程中，多虧了她的熱心，解決了許多我對祕魯的疑惑。因為無意間得知她的小孩很懷念台灣的零食，所以我們便將一些零食分裝在背

包裡，準備帶給Ema這些來自台灣的想念。旅途中，當我們面對自己背包裡的那些零食時，常會有種天人交戰的掙扎，畢竟正如Ema所說的，在南美這個國家裡，零食真的是很少見的奢侈品。從阿根廷到祕魯，或許是嘴饞，或是旅途中找不到東西吃，都會興起打那些零食主意的念頭。甚至在每天整理背包的當下，以及在旅途的空檔，都彷彿見到它們在向我們招手，不斷的向我們誘惑著它們的美味與我們的想念。但是我們都清楚的知道，只要我們開了一包，其他的也就會接著消失，所以我們始終有著不准偷吃的信念與默契。

好不容易撐到了旅途最後一站,每個旅伴再度拿出這些零食的時候都有一些複雜的情緒。不論是對於陪我們這麼多天的零食所產生的不捨,或者是對於自己的定力與堅持感到驕傲,又或者是一種責任的釋然,總之,當我們把這些零食交給Ema的時候,是一種充滿愉快的情緒。

我們到此行最高級的自助餐廳

Ema帶我們到此行最高級的自助餐廳用餐,終於在這些日子的流浪後我們也能品味到祕魯的奢華。然而得知我們明天即將前往舊城區

利馬的防竊扣環

的計畫,她還是好心的提醒我們要仔細的考慮一下,因為即使他們在利馬住了十幾年,也只去過那裡一次而已。而且就在那麼一次,她先生的手錶就在最繁華的Jiron de la Union街上被搶了,所以即

Hostal El Patio

使長期居住在利馬的華人，對於舊城區的印象仍舊是避之唯恐不及
的遺憾，這讓我們對於明天的行程更加的疑慮與不安。臨別前，我
依舊記得我從Puno開始的掛念，我指著數位相機裡的羊駝編織毯，
希望能從Ema的經驗中得到一點線索，並且用筆仔細的記下那些所
有可能的地名。

　　在這即將離開的前夕，所有的旅伴們仍為我的追尋而努力。從
豪華的購物商場到街頭巷尾的小販，從日正當中滿懷希望的詢問，
到夜幕低垂的疲憊伴隨著店家拉下鐵門的絕望，似乎對於這些日子
的努力已經感受到適可而止的壓力了。我實在不想拖累旅伴們在旅
程的最後一天都還在陪我漫無目的的找尋。這時候旅伴Amigo從另
一端走來，躡手躡腳的拿出相機裡的另一張羊駝編織毯的相片，神
祕的告訴我他的發現。終於，在興奮的歡呼聲中結束了我們幾近瘋
狂的追尋。我想，旅行就是這樣，不到最後一刻你永遠不知道上天
要給你什麼樣的禮物。

在Hostal El Patio享受著豐盛的早餐，當下我向旅伴解釋著「王者之城」的由來：「1535年，西班牙將領佛朗西斯科·皮薩羅（FRANCISCO Pizarro），為了尋找新的統治中心來到了利馬，但是因為這裡頻繁的地震與貧乏的降雨讓他對這個城市並不感到濃厚的興趣，直到他的部屬向他建議，如果印加民族群起叛變，利馬將是西班牙軍隊由海上撤退的捷徑，於是，利馬便成為西班牙在祕魯的統治中心。而決定的當下正好是天主教的君王日，所以利馬便有『王者之城』的別號。」說著說著，我們還是決定不要帶著遺憾離開利馬。我們甚至討論到在舊城區照相時，要有兩個人負責警戒的照相隊形，看著彼此把氣氛弄得這麼緊張，讓我們自己都覺得有趣起來了。

換錢的小販

計程車停在武器廣場（Plaza de Armas），大教堂（The Cathedral）的主教宮（Arcchbishop's Palace）、總統府（Palacio de Gobierno）、市政廳（Palacio Municipal）與郵政總局（Correo Central）把這個廣場圈圍成一個極富西班牙殖民地色彩的藝術經典。走在巴洛克風格與豐富的印加色彩所孕育出的城市，西班牙的風格極為華麗的裝飾著眼前的建築，而印加文化的用色，卻又如此大膽的豐富著巴洛克的浪漫。我很懷疑，這樣一個美麗的城市竟會

Peru

衛兵交接

背負著如此負面的評價。看著廣場上快樂的孩童追逐著他們的天真，我按下快門的剎那，回應著是他們祖父母的微笑，我實在很難看出這個城市對於旅人的虧待。從聖馬丁廣場（Plaza San Martin）沿著遊客如織的Jiron de la Union街上再回到武器廣場，為的是參加每週日總統府前的衛兵交接典禮。不管是維持秩序的警察還是騎在馬上的號角手，在嚴肅的外表下，都不忘幽默的逗我們這群好奇的旅人開心。

走到舊城的東區，著名的聖佛朗西斯科教堂和修道院（Iglesia Y Convento de Sao Francisco）鍍上一層鮮豔明亮的黃色，很難想

聖馬丁廣場

聖奧古斯丁教堂

總統府

Jiron de la Union街

大教堂

像自1808年來，這裡一直都是利馬的地下墓穴。不過，因為這裡豐富的藏書與教堂內部大量的藝術精品，聯合國教科文組織在1988年將這裡列為世界人文遺產，並且在1991年擴充到整個利馬舊城區。坐在聖佛朗西斯科教堂前的廣場，看見追逐鴿子的孩童身影被夕陽拉長的離譜，提醒著我們是該踏上歸途了。只是腦海中一直回想著今天一切，的確在利馬這個城市外來的旅人不多，主要都是祕魯當地的遊客。也或許是我們真的好運，沒遇到之前旅人們種種不悅的遭遇，因此利馬給我的印象依舊如安地斯山脈上的城市般的熱情

聖佛朗西斯科教堂和修道院

與善良，無法與之前的任何負面印象重疊或是交錯。不過，我想旅行就是這樣，只有親自踏上這片土地才能親吻這片泥土的芬芳，或是印證印象中的一切。

　　提著沉甸甸的戰利品與背包在美國航空櫃檯報到的時候，地勤人員看著我們的行李，很驚訝的問著我們人數是：「Six or Sixteen？」讓我不禁莞爾。其實這趟旅程最豐富的珍寶，就是在我的腦海裡，那些無法計數的感觸與回憶。挨著機上的窗邊，望著暗夜港灣裡的燈火，彷彿倒影著夜空的星辰……。

後記——
因為愛,所以繼續旅行

　　親愛的朋友,謝謝你用去寶貴的時間來閱讀我的感動。從南美回來之後,始終處在一種振筆疾書的亢奮情緒裡。還停留在南美的靈魂一直急欲傳達這印象中的感動與驚豔。我日以繼夜的書寫與回憶,試圖用文字留住逐漸遠去的美好。不斷的重遊與回憶,起初是一種甜蜜的沉醉,一直到我失去了相戀十八年的旅伴。書寫與構思這段充滿驚奇的旅程,驟然變成一種無法承受傷痛。我不斷的說服自己誠實的面對關於這段情感的失去,勇敢理性的記錄這生命中不容錯過的精采。卻又在指尖輕觸鍵盤的當下,讓自己的情緒陷入幾乎崩解的傷痛中。小心捧起彷彿玻璃般的美麗回憶,卻在無力承受的傷感下,驟然的從我手上跌落,鏘然地驚醒我失神的落寞。然後又小心翼翼的拾起這些宛如玻璃碎片般的回憶與過往,一個字一個字的敲下那些曾經的美好與現在的痛楚,沉重且傷人。就在這樣的矛盾中,我努力試著堅強的呼吸與生活,卻依然逃不出心頭上那道鮮明的傷口。終於我還是無力抵抗這些傷痛與過去,沉默的關上電腦,也放棄回憶。投入下一段摩洛哥之旅的規劃,用一個新的驚豔與期待來麻醉自己的淚腺,也冀望能將這些不堪碰觸的美好,從此深埋在撒哈拉沙漠的寧靜裡。

Peru

　　這一切的痛楚，我想，母親一直清楚的知道。她總是這樣，沉靜的傾聽與觀察，卻不會告訴我該怎麼繼續我的下一個步伐。我想，她了解當孩子長大了，總該學習如何舔拭自己生命中無法避免的傷口。母親會選擇在我情緒突然降至冰點時，要我分享我最喜歡的旅行經驗與初聲試啼的旅行專欄，試圖用我的最愛，去溫熱內心原本凍結的情緒。她總會在我即將掉入深淵的剎那間，適時的拉住了我，然後又回到她沉靜的位置，繼續看著我用成長的洗鍊療傷。就像她清楚的知道，既然無法阻止我去旅行，就分享我的過程與加注關懷，並為我的每次遠行送上微笑與祝福。讓我每次出走後，都有個深刻的掛念與記得回家的溫暖和擁抱。

　　2007年一個深秋的午後，母親問我為什麼不再與她分享旅行的事了。其實母親真正想說的，我都知道……。前些日子，從台北與出版社洽談將阿根廷的「旅行驚豔」集結成書的事情，一直是我和母親分享的期待。這十年來關於每一次出走的故事，母親總是第一個，也是最忠實的聽眾。至於成書的可能，也是我期待承諾給母親的禮物。我知道母親要的不是這一份禮物，而是希望我不要再陷入這個悲傷的泥沼裡，她希望我能勇敢的面對眼前的失去與對於出版社的承諾。然而我只是心虛的欺騙自己與母親：「離出發前往摩洛哥的日子越來越近了，不多花點時間規劃是不行的……。」其實，我一直沒有勇氣誠實的告訴母親，已經努力的試過了，只是深夜裡的沉痛讓我失去了再次面對的勇氣。於是我拼了命的忙碌著

關於到日本辦摩洛哥簽證的事宜與旅程的規劃。也逃避著、混亂著傷痛的美好回憶與對於出版社的承諾。而母親也一如往常般靜靜的協助我不便於上班時間處理的需要，不管是旅行上的，還是情緒上的，一直到機票與簽證到了我的手上，母親始終微笑……。

　　2008年年初，一個距離出發前往摩洛哥只剩不到六天的一個下午。在一個會議中接到小弟打來的電話，電話那端急切的哀傷中傳來母親病危的訊息！無法置信小弟說的是上午還開心的說要幫我添購旅行中的保暖衣的母親。這個突如其來的噩耗，讓我所有的思緒頓時失去了依靠，瞬時崩解到無盡的深淵裡。從接到小弟告知母親病危，握住母親的雙手情緒失控的落淚，主治醫師的詢問：「要不要留媽媽的最後一口氣回家？」到幫媽媽入殮、火化、入塔……。母親的力量都一直支持著我，協助我壓抑我臨界的悲傷，堅強的完成母親人生的最後一場終生大事……。——向因變致使無法前往摩洛哥的旅伴道歉，旅伴們的包容與諒解似乎讓我更無法釋

Peru

懷失信於他們的承諾。他們只是單純的希望我能好好節哀與休息。當一切恢復平靜，對於母親的思念更加深了我的沉痛，那些與母親相處的點點滴滴彷彿電影般的來回播放著……。播放著母親的愛與關懷，播放著與母親分享的旅行故事，播放著去年那個急欲逃避的深秋午後…。於是我想起了之前我所無法面對的一切，想起了對母親的承諾，想起了我該勇敢面對的試煉。挾著對母親的思念，我的書桌前又開始響起鍵盤敲擊的聲音，起初彷彿學步的孩子般的小心翼翼。步履蹣跚的笨拙與停頓，仍然難掩心中那道尚未痊癒的痛楚。只是對於母親的思念，溫暖了我繼續前行的勇氣，一直到交出文案的當下，我的心仍舊因為母親的愛而溫熱著我內心的寒冬。

然而書寫這段回憶的當下，所有關於旅行的一切都被這些曾經的驚奇與感動的情緒所牽引出來，從一個念頭蔓延到無法抑制的世界盡頭。於是思緒落在十年的那個決定出走的念頭……。關於自己是如何開始與迷戀延伸心底的渴望，背起背包走向每一段未知的視見。

十年前第一次參加團體的國外旅行，也是我第一次國外旅遊，是到法國的巴黎，當時在遊覽羅浮宮的時候，在層層疊疊的人影之中我費了九牛二虎之力好不容易快擠到了蒙娜麗莎的畫像前面，同團的友人又急切的把我從人群中拉出來，說：「集合時間快到了，我們不要當最後一個。」之後我們到了蒙馬特區，我看到許多有趣的事物與攤販，但都被導遊提醒「不要脫隊了喔～」。只有在免稅

商店的時候沒人趕我，我想問何時可以出去時，也沒人理我！那是我對十年前那次模糊的「法國十日深度之旅」中唯一的印象，鮮明而清晰，絲毫沒有因為歲月的流轉而褪色。從那時候起，我開始發現我並不適合跟團旅行，所以便開始思考如果我自己出來玩會有什麼樣的問題？會遇到什麼樣的困難？隔年，我就以嘗試性的方式參加航空公司辦的「自由行」行程，這一步走出去才發現原來自由的旅行是一件多麼美好與令人貪戀的事情，也從此無可救藥的愛上自助旅行，而後越走越遠，越陷越深……。

　　或許我真的該慶幸在我的職場中，一直有著不可多得的主管。他始終能體諒我對世界的好奇與流浪的渴望，才會始終像母親一樣在我遞出假單的當下，沒有責備與不悅，只有溫暖的提醒與叮嚀出門在外的安全，又或者在出發前的一通「旅途愉快」的簡訊，都是誠懇的溫馨。讓我在一陣飄盪後，又急切的想回到工作崗位上付

Peru

出，只為了不要辜負。

　　親愛的朋友，在這十年來不斷的旅行後，在這飛機反覆的起落之間，我學會了更加珍惜這片屬於自己的土地。在貧瘠的異域流浪之後，竟會為手上的一把國土落淚，慶幸自己的安逸與平凡。在別人的土地上學會對其他文化的尊重與諒解，從此世界的中心不再是自己腳跟下的那個點，又或許這個點本來就不該存在於人們心中。沒有了主觀與自我，或許我們就能更體貼別人的世界。

　　在這沉重的一年裡，我連續經歷了兩次人生中無法避免的失去與痛楚。而母親與她的愛以及出走的回憶卻暖暖的溫熱著我原本無法承受的凜冽。我也將在來日繼續我未完的旅程與承諾，或許那時候你也願意開始領略世界的美好了。那麼，或許我們下一站就約在卡薩布蘭加吧！也或許多年後的育空，或者約在某個夏日午後的拉薩，啜飲一杯難得的咖啡與悠閒……。

出走，這一頁就給你日出的方向

我喜歡自助旅行，因為它所能帶來的自由與驚豔是無法用單位度量的。如果你也喜歡旅行，那麼就讓我們從規劃的當下開始享受旅行的樂趣與實踐夢想的喜悅。

關於規劃

一、簽證

阿根廷的觀光簽證比較不同於其他國家的簽證辦理，他們特殊的保人規定往往讓旅人望而卻步。其實只要有耐心，把它當成一項開啟夢想的通行證來辦理，按部就班的準備與聯繫，終將會對拿在手上的阿根廷簽證感到雀躍與驕傲。請放心，阿根廷的魅力一定值得你如此堅持的努力。

【準備資料】

1. 最近三個月內所拍攝的兩吋（45x40mm）彩色相片兩張。

2. 申請表一份（可自阿根廷商務文化辦事處網站下載：
http://www.argentina.org.tw/visa2.htm）。請以英文或西班牙文繕打申請表。

3. 效期六個月以上之中華民國護照及其影本（護照當場驗退）。

4. 電腦訂位記錄一份。

5. 財力證明：最近一個月內由金融機構開具，申請人名下新台幣十五萬元以上之英文存款餘額證明。

6. 在職證明：一般在職人員請附上最近一個月內開具之英文或西班牙文在職證明，須蓋公司大小章，及負責人或人事主管簽名（含職稱和全名）。

7. 阿根廷當地聯絡人之阿根廷永久居留證（D.N.I.）第1～5頁的影本，或阿根廷有效護照影本。

8. 簽證費用：新台幣3050元。

　　而其中最令人頭痛的大概都是第7項，阿根廷當地聯絡人也就是保人的部份。而在規劃的當下因為阿根廷當地的「正大旅遊」（網址：http://www.hungstourismo.com.ar/h_index.htm）的協助，得以順利處理阿根廷聯絡人的問題。「正大旅遊」是一間由華人經營的旅行社，經由他們的熱忱讓許多寶島台灣的旅人見識到阿根廷的絕美。

阿根廷的
觀光簽證

相較於阿根廷，祕魯的簽證就簡單得多了，只要持有中華民國護照者，不須簽證即可至祕魯進行觀光旅遊，唯一的要求為有效護照及來回機票，並可在該國停留90天。（祕魯駐台北商務辦事處網站：http://www.peru.org.tw/）

二、機票

目前前往阿根廷的班機都須轉機無法直飛，而一般較常見與經濟的選擇多為馬來西亞航空或是美國航空，但是選擇馬航必須在吉隆坡作一段長時間的停留，而搭乘美國航空則有必須辦理美國過境簽的程序。我們當初在規劃時為了要節省時間，所以選擇了美國航空，然而後來在美國兩階段的轉機與安檢卻搞得我們頭昏眼花。也因此如果讓我重新規劃，或許我會選擇搭乘馬航，善用轉機時間在吉隆坡出境逛逛，接著再前往阿根廷。

在我整趟旅行的規劃中，是由阿根廷的布宜諾斯艾利斯入境，祕魯的利馬出境。這一階段的國際航線機票可以一次與旅行社訂完，至於南美境內的機票則建議向智利航空購買South American Pass的優惠套票會比較便宜，而該部分的套票可以打電話向台北的智利航空辦公室購買。

三、住宿

關於住宿，我的習慣一直是在台灣就把所有的青年旅館都訂好再上路。因為我的旅行多屬於計畫性旅行，而且還有旅伴同行，所以我希望能節省在當地背著大背包到處詢問比價的時間。網路資訊已十分發達，一般在網路上就可以找到經濟實惠又乾淨的青年旅館了。目前我所信賴的選擇方式大概有兩種：第一種是直接上Hostelworld網站（http://www.tradchinese.hostelworld.com/index.php）查詢，另一種則是從自助旅行聖經「寂寞孤星」（Lonely Planet）裡，尋找適合的地點與旅館。

一般Lonely Planet所記載的低價位青年旅館可能沒有網頁或是E-mail可做預定，只有電話與傳真。如果我們直接撥打或是傳真訂房，除了會有國際電話費昂貴的問題，有時還會因為各地英文腔調的差異而有雞同鴨講的困擾。在此，我倒是可以提供一個我常用的方式供參考：目前只要持有銀行的白金卡，大多附加白金祕書的服務，因此，我們可以善加利用這項免費的服務來請求他們協助預訂旅社，再請白金祕書掃描旅行社傳真來的確認函後，mail給我們就好了（甚至我的埃及臥鋪火車也是請白金祕書幫我預訂的）。當然旅館位置的選擇也很重要，往往在選擇旅館位置的當下，你就必須了解這個城市了，不然在一個沒有夜市的地方過夜會是件很掃興的事……。

關於這趟旅行我所住的青年旅館都還算舒適，提供給即將出發的你作為參考：

☆ 布宜諾斯艾利斯（Buenas Airs）：五月大道上熱情的Hostel Estori（http://www.hostelestoril.com.ar/）

☆ 伊瓜蘇（Iguazu）：物美價廉又有個美麗游泳池的Hostel-Inn（http://www.hostel-inn.com/）

☆ 加拉法提（El Calafate）：擁有歐化古樸小木屋的Calafate hostel（http://www.calafatehostels.com/）

☆ 烏蘇懷亞（Ushuaia）：此行最喜歡的青年旅館 Antarctica Hostel（http://www.antarcticahostel.com/）

☆ 普諾（Puno）：一杯古柯鹼茶的溫馨與祕魯難得的熱水澡 Hotel El Buho（http://www.hotelbuho.com/）

☆ 庫斯科（Cuzco）：雖然有個偷雞不著蝕把米的老闆但是卻有著十分美味的早餐與特色的旅館Sumac Wasi（http://www.sumacwasi.com/）

☆ 利馬（Lima）：美麗的花園旅館Hostal El Patio（http://www.hostalelpatio.net/）

　　這些美麗又獨具特色的廉價青年旅館或許沒有星級飯店般的豪華與貴氣，卻共同擁有一樣難得的熱情與溫馨，在我疲憊了一天後都能擁有回家的感覺。阿根廷的青年旅館幾乎每家都具備了自助的廚房與廚具，在廚房中所散發出來的美味與香氣，是一種沒有國界也不需言語的溝通與默契，在彼此交換食物的笑語中也豐富了這趟旅行的故事與價值。

四、還想買什麼？

　　自助旅行最大的優勢就是可以享受「盡其在我」的絕對自主性。或許我會對旅遊書上強力吹捧的「非去不可」的景點，因為失望而短暫停留後隨性的走人，也或許我會在一個名不見經傳的市集店鋪耗去一個美麗的上午，不必受限於團體的壓力與只能驚鴻一瞥的遺憾。而市集對於一個異鄉的遊子卻是一把最容易融入當地文化的鎖鑰。面對市及裡琳瑯滿目的紀念品，往往都會有著欲罷不能的採購慾望。然而，轉身看見身後幾乎撐破的背包，再構思往後必須背著這些戰利品所走的路程與時間，往往都會讓人的思緒變得清晰與冷靜。不過既然千里跋涉而來，還是有一些東西值得挑戰與忍耐的，因為我一直相信這些我愛不釋手的美麗只要花我一個多月的揹負，它們就會相伴我一輩子了。至於有哪些值得讓我扛得要命也要帶回國的東西呢？請讓我娓娓道來……

榮獲最值得「扛得要命」第一名的當然是我千里追尋的羊駝毛畫毯了。祕魯物價最便宜的地方往往在普諾（Puno）這個純樸的小鎮，而最精緻的藝術品會被送到像庫斯科（Cuzco）或是利馬（Lima）這樣的大城市裡販賣。這幅美麗的羊駝毛毯就是我從普諾找到利馬才找到的，而且價錢還算合理，大約在400sola左右。

　　祕魯的羊駝毛編織品一直是旅人最不會錯過的溫暖。不管是羊駝毛的披肩和圍巾，都是非常值得購買的紀念品。而市集裡幾乎所有的商人都會強調自己的產品是來自「Baby Alpaca」。的確，在羊駝毛織品中以幼小的羊駝毛料的觸感最好，所以每個人都會強調自己的羊駝織品是Baby的。而一般在市集的Baby Alpaca圍巾幾乎都是同一家生產的織品，價格從15sola～10sola不等。但是我在普

美麗的羊駝毛毯

諾的夜市是以一條大約8sola成交。至於披肩價格則在80～150sola
不等,得視男女即長度議價。

　　來到阿根廷,滿街翩然起舞的探戈舞蹈讓人無法忽視這個彷彿
火焰般熱情的魅力。而在艾薇塔墓園前的假日市集裡,我找到了我
最喜歡的兩樣與探戈有關的美麗:第一樣是探戈的漆畫,這位畫
家在布宜諾艾利斯有她的畫廊,而假日則會在這個市集裡展示她
的作品。關於繪畫,我不是專業也無法了解她所用的是什麼特殊的
顏料,但是她那種富有感染力的畫風對我有著絕對的吸引力。她
的畫作價格也平實合理,大概在100～120peso之間(作品大小約
為60cm×30cm)。另一項就是用黏土捏製,非常的生動的探戈人
偶,價格大約在30peso左右。

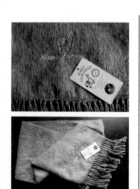

Baby Alpaca
圍巾

Baby Alpaca
披肩

探戈的漆畫　　　　　　　黏土捏製的探戈人偶

在Defense街的假日市集裡，街頭藝人當場製作的瑪黛茶杯（大約15peso）與手風琴藝人販賣的自製CD專輯（大約10peso），都是物超所值的紀念品。

當場製作的
瑪黛茶杯

另外，伊瓜蘇國家公園裡的手繪瓷盤（大約30peso）與烏蘇懷亞的馬皮皮帶（大約25peso），也都是值得你可以考慮採買的精品。

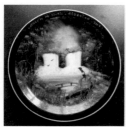

手繪瓷盤

　　最後我想說的是，其實出走並沒有想像中困難，需要的只是勇氣和一點點的傻勁，與一顆對不同文化的包容與尊重，如此而已！

國家圖書館出版品預行編目

你騙人!布宜諾斯艾利斯哪有很迷人?! / 李健樺著.
　　-- 一版. -- 臺北市 ： 秀威資訊科技, 2008.12
　　面 ；　公分. -- (中南美洲地區 ； TM0001)
　　BOD版
　　ISBN 978-986-221-115-1（平裝）

　　1. 遊記　2. 阿根廷布宜諾斯艾利斯

757.29　　　　　　　　　　　　　　　97021385

　中南美洲地區　TM0001

你騙人！布宜諾斯艾利斯哪有很迷人?!

作　　　者 / 李健樺
發　行　人 / 宋政坤
執 行 編 輯 / 林世玲
圖 文 排 版 / 莊芯媚
封 面 設 計 / 莊芯媚、李健樺
數 位 轉 譯 / 徐真玉、沈裕閔
圖 書 銷 售 / 林怡君
法 律 顧 問 / 毛國樑　律師
出 版 印 製 / 秀威資訊科技股份有限公司
　　　　　　台北市內湖區瑞光路583巷25號1樓
　　　　　　電話：02-2657-9211　　傳真：02-2657-9106
　　　　　　E-mail：service@showwe.com.tw
經　　　銷　商 / 紅螞蟻圖書有限公司
　　　　　　台北市內湖區舊宗路二段121巷28、32號4樓
　　　　　　電話：02-2795-3656　　傳真：02-2795-4100
　　　　　　http://www.e-redant.com

2008 年 12 月　BOD 一版
定價：290元

讀　者　回　函　卡

感謝您購買本書，為提升服務品質，煩請填寫以下問卷，收到您的寶貴意見後，我們會仔細收藏記錄並回贈紀念品，謝謝！

1. 您購買的書名：_____

2. 您從何得知本書的消息？

　　□網路書店　□部落格　□資料庫搜尋　□書訊　□電子報　□書店

　　□平面媒體　□ 朋友推薦　□網站推薦　□其他_____

3. 您對本書的評價：(請填代號　1.非常滿意 2.滿意 3.尚可 4.再改進)

　　封面設計____　版面編排____　內容____　文/譯筆____　價格____

4. 讀完書後您覺得：

　　□很有收獲　□有收獲　□收獲不多　□沒收獲

5. 您會推薦本書給朋友嗎？

　　□會　□不會，為什麼？_____

6. 其他寶貴的意見：_____

_____

_____

_____

讀者基本資料

姓名：_____　年齡：_____　性別：□女 □男

聯絡電話：_____　E-mail：_____

地址：_____

學歷：□高中(含)以下　　□高中　　□專科學校　　□大學

　　　□研究所(含)以上 □其他_____

職業：□製造業 □金融業 □資訊業 □軍警 □傳播業 □自由業

　　　□服務業 □公務員 □教職　　□學生 □其他_____

To：114

台北市內湖區瑞光路 583 巷 25 號 1 樓

秀威資訊科技股份有限公司　　　收

寄件人姓名：

寄件人地址：□□□

（請沿線對摺寄回，謝謝!）

秀威與 BOD

BOD（Books On Demand）是數位出版的大趨勢，秀威資訊率先運用 POD 數位印刷設備來生產書籍，並提供作者全程數位出版服務，致使書籍產銷零庫存，知識傳承不絕版，目前已開闢以下書系：

一、BOD 學術著作—專業論述的閱讀延伸
二、BOD 個人著作—分享生命的心路歷程
三、BOD 旅遊著作—個人深度旅遊文學創作
四、BOD 大陸學者—大陸專業學者學術出版
五、POD 獨家經銷—數位產製的代發行書籍

BOD 秀威網路書店：www.showwe.com.tw
政府出版品網路書店：www.govbooks.com.tw

永不絕版的故事·自己寫·永不休止的音符·自己唱